马克思主义简明读本

解读历史唯物主义

丛书主编：韩喜平

本书著者：姜慧博

编委会：韩喜平　邵彦敏　吴宏政
　　　　王为全　罗克全　张中国
　　　　王　颖　石　英　里光年

吉林出版集团股份有限公司

图书在版编目（CIP）数据

解读历史唯物主义 / 姜慧博著. -- 长春：吉林出版集团股份有限公司，
2012.12（2019.2重印）
（马克思主义简明读本）

ISBN 978-7-5534-1157-6

Ⅰ.①解… Ⅱ.①姜… Ⅲ.①历史唯物主义—青年读物②历史唯物主义—少年读物 Ⅳ.①B03-49

中国版本图书馆CIP数据核字(2012)第291594号

解读历史唯物主义
JIEDU LISHI WEIWU ZHUYI

丛书主编：韩喜平
本书著者：姜慧博
项目策划：范中华　徐树武
责任编辑：陈　曲　杨　鲁
出　　版：吉林出版集团股份有限公司
发　　行：吉林出版集团社科图书有限公司
电　　话：0431-86012746
印　　刷：北京一鑫印务有限责任公司
开　　本：710mm×960mm　1/16
字　　数：100千字
印　　张：12
版　　次：2012年12月第1版
印　　次：2019年2月第3次印刷
书　　号：ISBN 978-7-5534-1157-6
定　　价：29.70元

如发现印装质量问题，影响阅读，请与出版方联系调换。0431-86012746

序　言

习近平总书记指出，青年最富有朝气、最富有梦想，青年兴则国家兴，青年强则国家强。青年是民族的未来，"中国梦"是我们的，更是青年一代的，实现中华民族伟大复兴的"中国梦"需要依靠广大青年的不断努力。

要提高青年人的理论素养。理论是科学化、系统化、观念化的复杂知识体系，也是认识问题、分析问题、解决问题的思想方法和工作方法。青年正处于世界观、方法论形成的关键时期，特别是在知识爆炸、文化快餐消费盛行的今天，如果能够静下心来学习一点理论知识，对于提高他们分析问题、辨别是非的能力有着很大的帮助。

要提高青年人的政治理论素养。青年是祖国的未来，是社会主义的建设者和接班人。党的十八大报告指出，回首近代以来中国波澜壮阔的历史，展望中华民族充满希望的未来，我们得出一个坚定的结论——实现中华民族伟大复兴，必须坚定不移地走中国特色社会主义道路。要建立青年人对中国特色社会主义的道路自信、理论自信、制度自信，就必须要对他们进行马克思主义理论教育，特别是中国特色社会主义理论体系教育。

要提高青年人的创新能力。创新是推动民族进步和社会发展的不竭动力，培养青年人的创新能力是全社会的重要职责。但创新从来都是继承与发展的统一，它需要知识的积淀，需要理论素养的提升。马克思主义理论是人类社会最为重大的理论创新，系统地学习马克思主义理论有助于青年人创新能力的提升。

要培养青年人的远大志向。"一个民族只有拥有那些关注天空的人，这个民族才有希望。如果一个民族只是关心眼下脚下的事情，这个民族是没有未来的。"马克思主义是关注人类自由与解放的理论，是胸怀世界、关注人类的理论，青年人志存高远，奋发有为，应该学会用马克思主义理论武装自己，胸怀世界，关注人类。

正是基于以上几点考虑，我们编写了这套《马克思主义简明读本》系列丛书，以便更全面地展示马克思主义理论基础知识。希望青年朋友们通过学习，能够切实收到成效。

韩喜平

2013年8月

目　录

第四章　社会历史发展理论 / 080

知识链接 / 112

引　言

在我们以前的认识里，总是习惯把历史唯物主义简单地看成辩证唯物主义在社会历史领域的应用，并由此认为两者共同构成了马克思主义的科学世界观，不过这样却往往遮蔽了历史唯物主义独立而完整的世界观意义。当考虑到马克思哲学关于对世界的认识的统一性和完整性时，我们可以说历史唯物主义就是马克思的哲学，历史在此便不仅仅是独立的研究领域，同时也是新世界观的解释原则。

马克思的新哲学建立的基础是对人的理解，我们首先应该澄清对人的认识，在从对人的生存方式的探讨和追问中，在对经济领域的探讨中发现生产活动中所隐含的矛盾现象以及不合理之处，比如劳动在其自身发展过程中的自我异化，资本主义社会生产活动中剩余价值对工人的剥削等，便是这种异化的一种具体形态。需要进一步说明的是，伴随着异化现象的不断出现，以及工人们对剩余价值现象认识的加深，工人们必将联合起来反抗这种不合理的资本主义生产方式，并且在这种持续斗争中消灭资本主义，最终实现共产主义。

诚如恩格斯所说，马克思是马克思主义的真正奠基者，他提供的是一整套自成体系的对待世界的方式，或者说是一种以改变世界为旨趣的新世界观，不仅仅只是社会历史领域的一种学问。因此，即使是被广泛认为是政治经济学名著的《资本论》，也是构成马克思整体思想即历史唯物主义的一部分。

我们希望将马克思看成一个严格的思想家，一个承担人类解放事业的革命家，而且也是一个超越了旧哲学的哲学家。当你阅读这部书的时候，你可以结合介绍马克思生平的相关文献，关注他的思想的变化过程。可惜在本书中，我没有详细地从这方面来探讨马克思历史唯物主义的形成和发展历程，我希望对历史唯物主义感兴趣的学友能够用更广阔的阅读弥补我在这方面的缺陷和不足。

第一章　什么是历史唯物主义

第一节　历史唯物主义与唯物史观

要谈论历史唯物主义，我们有必要先澄清并揭示出历史唯物主义究竟指什么。在传统的用法中，历史唯物主义的本义往往被遮蔽了，并在不断地误用中产生了脱离本义的而且是约定俗成和根深蒂固的观念。为了防止这种误用对理解历史唯物主义的不良影响，对历史唯物主义概念进行辨析，不仅仅是必要的，而且也是必须的。在传统的观念和认识里，历史唯物主义总是和唯物史观或辩证唯物主义共同出现的，我们首先可以从历史唯物主义与两者的比较中来澄清其意义。

在我们的观念中，一直习惯把唯物史观概念与历史唯物主义概念替代使用，因为这两个概念最初都是由恩格斯提出的，都用来概括马克思关于人类社会的历史发展理论。

马克思、恩格斯在《德意志意识形态》中最先比较系统地表述了唯物史观的基本思想，但还没有直接提出唯物史观的概念，而只是强调这是一种区别于黑格尔等唯心史观的历史观。按照通常理解，这种新的历史观就是指唯物主义历史观，或者简称为唯物史观。此后马克思，更多的是恩格斯，在许多场合下都一直沿用唯物主义历史观概念。在1870年所写的《德国农民战争》第二版序言中，恩格斯声明："这个唯一唯物主义的历史观不是由我，而是由马克思发现的。"因此可以看到恩格斯用唯物史观来指代马克思所创立的社会历史理论。此后，恩格斯在多处相同的意义上提到了唯物主义历史观的概念，可是到了1890年，恩格斯在致康·施米特的信中提出历史唯物主义的概念，是用来批评当时的德国青年不热心于艰苦的研究工作，却用历史唯物主义这个概念来掩饰自己历史知识的贫乏，这也是恩格斯第一次正式提出历史唯物主义的概念，这时还不是用它来指称马克思的社会历史理论。在1892年一部主要论述科学社会主义的著作即《社会主义从空想到科学的发展》的英文版导言中，恩格斯再次提出了历史唯物主义的概念，不过也只是希望不可知论者和英国的庸人们不要对这个名词过分感到吃惊。不过在该书正文中，恩格斯还是把唯物主义历史观与剩余价值学说称为马克思的两大发现，这也是恩格斯在《在马克思墓前的讲话》中所强调的。1893年，恩格斯在致友人的信中又系统探讨了"历史唯物主义的起源"问题。

从上述唯物史观和历史唯物主义概念提出的过程可以看出，在马克思生前的著作和谈论中，恩格斯与马克思一样只是用唯物主义历史观概念，而没有使用过历史唯物主义概念。恩格斯也是直到其晚年才开始启用历史唯物主义概念，而且在他那里，唯物史观与历史唯物主义确实是同义词，都用来标示其理解下的马克思主义的一个重大发现，所以他才在《社会主义从空想到科学的发展》的序言和正文中，同时使用了唯物主义历史观和历史唯物主义概念。在19世纪末期，唯物史观与历史唯物主义被融合在一起并广泛地传播开来，拉布里奥拉、普列汉诺夫等一大批20世纪初期的马克思主义者都开始普遍使用历史唯物主义概念。因此尽管历史唯物主义和唯物史观概念是恩格斯提出的，但它们都是用来标示马克思的社会历史理论的，而且这两个概念的差别与其说是理论内涵的差别，不如说是关注视角的差别，它们都标示着马克思的哲学，但是在历史流变的理解中，这两个概念不仅脱离了恩格斯的最初理解，更远远脱离了马克思的思想特质，因此只有充分理解了马克思社会历史理论的内涵之后，我们才能赋予这两个概念其应有的意义，所以说从唯物史观的视角去理解马克思主义有助于我们获得对历史唯物主义的认识。

在一般的看法中，唯物史观谈的只不过是一种历史观，是与唯心主义特别是黑格尔的唯心主义相对立的新唯物主义的历史理念。在恩格斯看来，唯物史观并非一般意义上的哲学，它只是遵循唯物主义哲学的基本原则观察和理解历史的结果，恩格斯说："这种历史观结束了历史领域内的哲学，正如辩证的自然观使一切自然哲学都成为不必要的和不可能的一样。"在恩格斯看来，唯物史观不是哲学思辨，它应当归结为"描述人们实践活动和实际发展过程的真正的实证科学"，而且与辩证的自然观相对。因此，恩格斯认为唯物史观与具有广泛的普遍性的哲学不同，它处理的是经验事实，不过是按照事物的真实面目来理解事物，而经验事实只是我们认识中的一部分而不是全部。可以说在此恩格斯率先开辟了辩证唯物主义和历史唯物主义的区分的道路，不过这种理解并不符合马克思哲学和思想的本意，同时也割裂了马克思哲学的统一性。

《德意志意识形态》作为马克思、恩格斯最先集中表述唯物史观的著作，在其中阐述唯物史观的时候，曾多次强调了人类尤其是有生命的个人作为历史的前提，并将其放在了唯物史观的源头地位："全部人类历史的第一个前提无疑是有生命的个人的存在，因此，第一个需要确认的事实就是这些个人的肉体组织以及由此产生的个人对其他自然的关系。"这里首先把个人维持生命的需要放在了人类历史前提的首要地位。接着，他们又对所说的有生命的个人加以澄清："我们不是从口头说的、思考出来的、设想出来的、想象出来的人出发，去理解有血有肉的人，我们的出发点是从事实际活动的人，这种考察方法不是没有前提的，它从现实前提出发，一刻也离不开这种前提。它的前提是人，是处在现实的、可以通过经验观察到的、在一定条件下进行的发展过程中的人。"于是这种个人也就是现实的个人，是有生命的个人的真实意义，并构成了人类历史的真正的前提。在继续阐发这种观点时他们强调："我们首先应当确定一切人类生存的第一个前提，也就是一切历史的第一个前提，这个前提是，人们为了能够'创造历史'必须先能够生活。但是为了生活，首先就需要吃喝住穿以及其他一些东西。因此第一个历史活动就是生产满足这些需要的资料，即生产物质生活本身。"这就把人类历史的前提由生命需要转向现实的个人，最后进一步落实到物质资料生产这种具体的现实的生存实践上，完整地确立了唯物史观的前提。

马克思在深刻总结了人类历史观的演变的基础上，针对以黑格尔为代表的唯心史观，带着自己以实践为基础的唯物主义的最新成果，进一步指出："这种历史观和唯心主义历史观不同，它不是在每个时代中寻找某种范畴，而是始终站在现实历史的基础上，不是从观念出发来解释实践，而是从物质实践出发来解释观念的形成。"物质实践是构成马克思的历史观的基础，也是其哲学的基础，实践超越了抽象存在，它立足于人在现实生活中的对象化活动，是对对象、现实和感性的实践活动和现实的个人的理解。为了区别于黑格尔所承认抽象的精神劳动和实践，以及凸显自己哲学的本质，所以马克思在"实践"之前加上了"物质"二字，用以表明只有人的现实的感性活动才是决定历史和观念的现实基础，并且意识和观念不仅只有以物质实践为底蕴才能生成，并以此为根基实现了对唯心主义的批判。"不是可以通过精神的批判来消灭的……只有通过实际地推翻由一切唯心主义谬论所产生的现实的社会关系，才能把它们消灭"。以物质实践为根基来表述唯物史观的基本问题不仅起点高，而且继承了黑格尔等先前思想家的实践观的成果，是对唯物史观基本问题的精确表述，而且只有从物质实践的概念出发，我们才能切实了解历史唯物主义的内涵。

第二节　历史唯物主义与辩证唯物主义

将马克思主义哲学定位为"辩证唯物主义和历史唯物主义"是由前苏联教科书所规定的，特别是由于斯大林的《辩证唯物主义与历史唯物主义》，广泛影响了中国关于马克思哲学或者马克思主义哲学的理解，在这本书中斯大林给历史唯物主义下了一个广泛流行的定义："历史唯物主义是把辩证唯物主义的原理推广到研究社会生活……应用于研究社会历史。"从此，历史唯物主义与辩证唯物主义便连接在了一起，构成了马克思主义和无产阶级的完整的世界观。

　　这种对历史唯物主义的解读模式在恩格斯那里便初露端倪，恩格斯把历史唯物主义理解为自然辩证法的"现代唯物主义"，即辩证唯物主义运用于历史领域所实现的历史观的重大发现，斯大林则进一步确立了历史唯物主义是辩证唯物主义在历史领域的推广与应用，但也改变了恩格斯对历史唯物主义的理论定位：他把唯物史观上升到哲学层次，把唯物史观作为与辩证唯物主义并列的马克思哲学的组成部分。在这种解读中，历史唯物主义与辩证唯物主义的关系是，辩证唯物主义被定位为"唯物主义哲学这座建筑物"的基础，而历史唯物主义则构成了"唯物主义哲学这座建筑物的上层"。

　　这种解读完全违背了马克思哲学的不可分割性、整体性、统一性。无论是恩格斯还是斯大林，都认为关于自然界的一般规律和看法与关于人类社会和思维的一般规律和看法，因为适用范围不同所以有差别，应该分别将它们装入两个不同的解释系统内，而历史唯物主义不过是辩证唯物主义的一种具体应用，即把历史作为研究领域和解释对象的唯物主义，这样的理解不可避免地造成了人所赖以生存的整个世界的分裂。自然界与人类社会虽然都从属于辩证唯物主义，不过辩证唯物主义在此表现为抽象概念的辩证法，可以说这本身就是形而上学的思维方式，这也正是马克思所致力批判的。现实的个人就生存在统一成体系的世界中，自然界也并不是独立于人而抽象存在的，其中必有人的实践活动参与在内，而斯大林式的解读却在本源的意义上否定了人的对象性活动，并且割裂了自然与人类社会的联系。

斯大林式的定位在逻辑上隐含的问题是混淆了科学与哲学的关系。科学与哲学往往被视为人类把握世界的两种不同的方式，他们认为：科学是对世界一般规律的概括和总结，研究的是具体的事物，在这里把马克思主义哲学看作对自然界规律以及人类社会、思维规律的总结，就是对具体的事物的表述，而这在他们看来正是历史唯物主义或者说是唯物史观所解决的问题；哲学是系统化、理论化的世界观，在哲学的意义上，世界观并不是对整个世界的根本看法和观点，不涉及具体的存在者，是人对世界的批判性反思，是对科学具体思维的超越，这一过程不是规范的表述，而是辩证唯物主义所要完成的课题。在这种理解下，哲学不可避免地被抽象为概念辩证法，被理解为辩证唯物主义的概念体系，然而即便这样也不能理解马克思哲学所实现的以改变世界为核心的哲学观和世界观的变革。因此要理解马克思哲学，只有摒弃传统观念对哲学和科学关系的抽象理解，才能真正体会人与世界的存在关系中所蕴含的历史唯物主义原理，才能理解历史唯物主义的哲学意蕴。

将马克思哲学区分为辩证唯物主义和历史唯物主义这一提法在文本支持上也存在着严重的问题，这是由于马克思在其一生的著述中从未有过单独或专门的论述辩证唯物主义的篇章和著述，他从年轻时就立足于对社会现实的批判，并且终生致力于通过与社会现实的接触和对人类历史的广泛思考，来把握人类的生存状况，并最终揭示了人们现实生存所依赖的经济根源，并体现了其哲学体系的批判性与革命性。马克思晚年所著的《资本论》就是对历史唯物主义基本原理的论证，也可以看作历史唯物主义体系的奠基性著作，以此说来，马克思主义哲学是"辩证唯物主义和历史唯物主义"的说法站不住脚。在理解了马克思哲学的统一性以及马克思哲学的革命本质之后，我们便可理解历史唯物主义如何就是马克思的全部哲学，并且作为一种历史观，它也是一种具有革命性质的新的世界观，因为在马克思那里，历史与世界归根结底是一个东西。

第三节　历史唯物主义的内涵

分析对比唯物史观和辩证唯物主义这两个概念之后，对历史唯物主义意义的澄清便成了马克思主义哲学定位的关键。如果我们说马克思哲学是历史唯物主义，却对历史唯物主义的真实意义还不能把握，这显然是站不住脚的。历史唯物主义是把历史作为解释原则，即奠基在人的历史性上的唯物主义，当然也是把历史作为研究领域的唯物主义。马克思哲学革命的变革就在于改变了旧唯物主义哲学的直观性和机械性，机械的旧唯物主义不能呈现出现象背后隐藏的真正本质；对于唯心主义来说，马克思哲学改变了其脱离现实、脱离社会历史的纯粹思辨思维方式，而真正确立起了从现实生活中人的感性的物质实践活动入手的新哲学，揭露出资本主义社会的剥削根源即剩余价值的生产，并进而分析了人类社会历史的发展趋势以及人类自身的生存状态。这不能不说是以历史的原则或解释方式形成的哲学理论体系。

如果我们认为历史唯物主义只是把狭义的历史作为研究对象或研究领域，那也就等于承认马克思的研究领域除了人类历史，还包括一个不同于人类历史的自然界，这只是在表象经验的层面上来认识自然界和人类社会，而不是在思维与存在的关系上来理解这一问题，因此说，这一理解根本违背了马克思的初衷。马克思哲学根本就不存在独立于历史唯物主义的辩证唯物主义，其理论体系就是以历史的眼光或视角、以历史为解释原则、以历史为理论根基而形成的对人类生存状况的理论学说，这也恰恰验证了后来恩格斯得出的论断："这已经根本不再是哲学，而只是世界观，它不应当在某种特殊的科学的科学中，而应当在各种现实的科学中得到证实和表现。"

在《关于费尔巴哈的提纲》中，马克思便已指出"人的本质并不是单个人所具有的抽象物。在其现实性上，它是一切社会关系的总和。抽象的个人，实际上是属于一定的社会形式的"。马克思所认为的社会关系并不是抽象的，而是具体的，是处于一定历史时代中的以一定的物质资料生产关系为基础的各种具体的联系，这依然是在探究人类社会历史发展过程中人的具体历史活动。在《德意志意识形态》中马克思说："我们开始要谈的前提并不是任意想出的……这是一些现实的人，是他们的活动和他们的物质生活条件，包括他们得到的现成的和由他们自己的活动创造出来的物质生活条件。"表明了人类社会历史的根本前提就是物质生活资料的生产，即物质实践，而从事这些物质生活资料的主体必须是有历史性的个人，他们要受物质生产关系的制约，而不是任意抽象的规定。

马克思说："周围的感性世界绝不是某种开天辟地以来就已存在的、始终如一的东西，而是工业和社会状况的产物，是历史的产物，是世世代代活动的结果。"这说明整个人类社会的发展不过是人类历史活动的结果，人类生存的世界不是一成不变的，是人类的现实的感性实践活动所实现的具体体现，这深刻阐明了人与世界之间的内在关系。他说："对实践的唯物主义者，即共产主义者来说，全部问题都在于使现存世界革命化，实际地反对和改变事物的现状。"在这里马克思强调了这种新世界观与以往旧哲学的根本区别，就是使现存世界革命化，通过揭示人的实践活动的方式揭示了人类社会发展的历史规律。可以说马克思的著作中到处显现着哲学思想是一种颠覆性的新世界观，而不再是以往本性作为"解释世界"的旧哲学模式，这种新世界观就是探究人与世界的关系需要通过实践这种否定性感性活动而得到发展，人的自由、价值、发展需要也在这一过程中得到展现，这样的过程也是人类生存的展开方式，马克思也就是以这样的逻辑理路来建立其历史唯物主义哲学理论体系的。这一过程的展开和发展必须以历史的解释原则和理论根基来加以说明，而作为直接的生命活动、感性的物质生产活动等实践活动是构成这一过程的起点，或者说是通过人类的物质实践活动来完成这一人类历史活动的使命的，如此看来，马克思主义最终的关注点应该是人类的社会历史，其最终的本质就是历史唯物主义。

把马克思主义哲学认定为是历史唯物主义，这不仅突破了传统中将其区分为辩证唯物主义和历史唯物主义的片面性，而且也符合马克思的哲学特质。按照黑格尔的逻辑，作为自为存在才是自身本质的体现，事物真正的本质不是在与它物抽象的比较的过程中呈现出来的，而是一种单纯的自身联系。从这个意义上说，马克思哲学的规定性是不能只在与其他哲学体系的比较中来体现的，尽管马克思常常敞开比较的视野，但这只能体现出他的某些特性，而不能将其归为本质，其本质应是在其自身中呈现出来的，或者说历史唯物主义是其本质内容的内在显现。

把马克思主义哲学定位为历史唯物主义，才能真正把握马克思和恩格斯的真正出发点和旨意，深入理解马克思和恩格斯概括总结出的人类历史发展规律，才能认识生产力决定生产关系、经济基础决定上层建筑的一般规律，而传统的理解则忽略了马克思把人类社会历史的整个过程作为研究的起点，应该说与辩证唯物主义的区分有一定的联系。马克思重视的应是生产关系，其基本结论应是生产关系要适应生产力的发展，上层建筑要适应经济基础的发展。马恩经典著作中表述的生产力与生产关系是制约关系，而不是决定关系，马克思始终把生产关系作为人类社会发展的重要内容，反对决定论的思维方式，把整个人类历史看作能动的、客观的、物质的过程，在这一过程中实现人的全面自由发展，这一理解有助于把握马克思主义哲学的整体脉络，不会造成彼此分裂的局面，也有助于澄清对一些具体问题的误解。

第二章　马克思关于现实的人的思想

第一节　人与自然的关系

在马克思的历史唯物主义之前，唯物主义的发展主要经历了古代朴素唯物主义和近代机械唯物主义两个时期，这两种唯物主义都不是把人看作现实存在、具有主体性的实践的人，而是把人看作世界上一个从属于更高的规定的偶然的存在。

古代的朴素自然观在西方古希腊时代便流行开来，是一种自发的朴素的辩证自然观，这种自然观基于当时人类在生活中的经验和观察，是人们对自然界统一性的神秘力量的向往和追求，使用本原的概念来描述生成万物的原始存在，并以本原不同形态间的转化来解释自然万物的运动特征和演化过程，它把一些具体的"始基"物质视为万事万物产生与发展的本原，例如古希腊哲学家泰勒斯所说的"水"和赫拉克里特所说的"火"。由于古代社会中人的认识能力十分有限，只能凭借对自然事物习惯性认识和简单联想来规定世界，所以这种自然观尚无法对自然进行精确的描述，只能够进行模糊的整体概括，以简单的思辨的规定性来解释真实的过程，以神化了的人性神秘的变化作为自然的规律，因而具有明显的时代局限性。伴随着西方历史的发展，在整个中世纪所逐渐生成并得到广泛发展的神学观念，可以看作人对自然的能动认识的颠倒的形式。

西方近代机械唯物主义的自然观是一种运用机械力学原理和绝对必然性来解释自然现象的观念，它的产生和发展以近代实验科学的发展为基础，以实验科学中的理性分析和定量实验的方法取得了卓越的成效，而且近代医学的发展使人们看到人体与自然间的相似性。依据类比和研究，人们将物质解释为自然现象的构造和成因。以这种自然观来看，物质实体是唯一的实在，不存在精神实体，因此只能从物质的运动入手理解自然现象并解释人体的运动。它以牛顿力学为理解自然现象的根本原理，认为机械运动是自然界唯一的运动形式。作为自然观发展的一个新的阶段，机械唯物主义自然观高于古代朴素的自然观，但由于它把自然界的所有运动都简单归结为机械运动，认为自然界，甚至包括人本身，都是一架在力学规律支配下精确运转的机器，这就形成了一种孤立、静止、片面地看待问题的形而上学思维方法。这种被马克思广泛批判的唯物主义最终不可避免地走向了神秘主义并陷入矛盾，比如牛顿为了维持世界的精确运动而把神作为第一推动力。

而马克思的自然观可以被看作理解马克思主义哲学——历史唯物主义的基础，是一种全新的自然观。他指出在自然与人的生成中，首先必须肯定的当然是自然相对于人的先在性。人类产生以前的很长时间，自然便先天地存在着、运动着。考察自然界的发展史，我们清楚地看到，自然界漫长的演化和发展进程中确实存在从无序到有序和从有序到无序两个截然相反的方向。所谓进化，指的是自然界中的万物由无序到有序、由低序到高序的演化趋势和过程；退化，则是指自然物由有序到无序、由高序到低序的蜕变趋势和过程。总体上看，进化是我们周围自然物发展的主要进程，而人类和人类社会的出现，可以看作这一时间进化之矢的结果，是我们周围的自然界从无序到有序、由低序变高序的不可逆的发展过程与趋势的产物。

人类的产生是自然界发展到一定阶段的结果，是自然的恩赐，因此"人直接的是自然的存在物"，人是自然界运动发展的直接产物，包括五官的形成都是世界历史的产物。从人的历史的角度来看，人类未形成以前的历史是人类的形成史或是说人类的发生史。从人类形成的必然性来看，人类的形成可以假定是自然发展的目的。因此，真正说来，从不存在与人毫无关联的自然界，当然，也不存在脱离自然而独立存在的人。而将自然界与人相区分对待不过是理论的抽象。人是自然的一部分，人从来不是外在于自然、可以与自然划清界限的人。

"人是类存在物，不仅因为人在实践上和理论上都把类——他自己的类以及其他物的类——当作自己的对象，而且因为——这只是同一事物的另一种说法——人把自身当作现有的、有生命的类来对待，因为人把自身当作普遍的、因而也是自由的存在物来对待。"虽同样作为自然的一部分，这并不是说可以对人与其他生物不加区别。以动物为例，"动物只按照它所属的那个种的尺度和需要来构造，而人懂得按照任何一种尺度来进行生产，并且懂得处处都把内在的尺度运用于对象；因此，人也按照美的规律来构造"。动物在自然中的生产直接处于肉体支配下，是自在意义上的片面生产，人则不同，人是全面而丰富的，人可以按照一定目的、一定规律再生产整个自然。

人可以再生自然界，这种再生产并不是说人可以不加约束为所欲为。自然既给了人自然力、生命力，使人作为未完成的、能动的自然存在物创造生活，同时又让人像动物一样，是受动的、受制约的和受限制的存在物。即自然为人类提供了创造的可能性，使人可以自己创造生活，但是自然作为人类生存和发展的基本前提，"没有自然界，没有感性外部世界，工人什么也不能创造。"对于这句话的理解，问题在于对于人类劳动和自然界意义的界定，劳动并不是一切财富的源泉，而自然界才是使用价值的源泉。

人类在自然中的创造活动不是盲目的，人是自为地存在着的类存在物，人的类生活是这样的：从肉体生活到精神生活，人都不能脱离自然而存在。人依靠自然，从肉体上说，人为了不致死亡，必须与自然进行持续不断的交互作用，整个自然界一方面是人的生活资料的存在场所，另一方面是人生命活动的对象和工具，是人无机的身体。"自然界，就它自身不是人的身体而言，是人无机的身体，人靠自然界生活"。从精神上说，自然界的任何一种东西，首先是自然科学的研究对象，其次是艺术的对象，都是人意识的一部分。自然界承载着人类活动的全部对象，展开了人类的全部生命活动。在自然界中，人作为一个类确证自己的存在。没有自然，便没有人类。"在实践上，人的普遍性正是表现为这样的普遍性，他把整个自然界——首先作为人的直接的生活资料，其次作为人的生命活动的对象（材料）和工具——变成人无机的身体。"即在肉体生活上，人靠自然界生活和补给，"自然界是人为了不致死亡而必须与之处于持续不断的交换过程的人的身体。"而在精神生活中，自然界同样作为精神创造的对象，是人意识的组成部分，是精神的材料。因此，人与自然界的关联，"不外是说自然界同自身相联系，因为人是自然界的一部分"。

人是类存在物，还表现在人是有意识的存在物，是认识自己生命活动本身变成自己意志和自己意识的对象，即通过实践活动而创造对象世界，改造无机界，他把类真正看成了自己的本质，而且正是因为这种实践和生产活动，自然界才表现为它的作品和它的现实。人是类存在物，既在自己的存在中也在自己的知识中确证并表现自身。

马克思所考察的自然是人类产生后的自然，有一种观点认为自然分两部分，只有经过人类改造后的自然是马克思的人化自然，另外一部分是天然自然。而事实上，没有所谓"天然自然"，全部自然即人化自然。整个自然虽然可能存在着人类未涉足的领域，但是任何人类活动的过程和结果，都会引起自然的变化。世界上没有不受人类影响的自然领域。

诚然，在自然界中，人作为类存在，以对象性的方式确证自己，但对象并不是外在的对象，不是由人的选择而产生的对象，而是由人类主体本质规定的、现实的、感性的对象。对象性的存在物之所以"只创造或设定对象，因为它是被对象设定的，因为他本来就是自然界"。正如太阳是植物的对象，是植物所不可缺少的、确证它生命的对象，正像植物是太阳的对象，是太阳唤醒生命力量的表现，是太阳的对象性的本质力量的表现一样。对象性是受动的对象性，但同时，对象作为人的对象，才使人不致于在对象中丧失自己，热情洋溢地追求自己本质力量的实现。认识对象性的存在物，"对象性的存在物进行对象性的活动，如果它的本质规定中不包括对象性的东西，它就不进行对象性活动。它所以只是创造或设定对象，因为它是被对象设定的，因为它本来就是自然界"。

对象并不是直接呈现在人面前的，人在改造自然界时，人才能证明自己是类存在物，人通过能动的生产实践，自然界才能表现为他的作品和他的现实。因此，实践并不是什么所谓的人与自然的中介，实践是人有目的的对象性活动，实践由人与自然的关系的本身而来，是人与自然关系本身。在人化自然界中，也就是人的全部对象性活动中，历史作为自然史而生成，只有自然主义才能理解社会历史的生成。整个所谓的世界历史不外是人通过人的劳动而诞生的过程，是自然界对人来说的生成过程。"从人类开始生产的时候，人类历史就开始了"，人类的历史开始于在自然中的生产，社会历史从来不是与自然无关的另一个领域，而是自然人化的历史，也只有在社会中，自然界对人的存在才具有现实意义。"正像自然物必须形成一样，人也有自己的形成过程即历史，但历史对人来说是被认识到的历史，因而它作为形成过程是一种有意识的扬弃自身的形成过程，历史是人的真正自然史"。

因此人与自然的关系不是征服和被征服的关系，而是相依共存的有机整体关系。人在自然中完成自身，是人化自然的过程，也是自然人化的过程，自然史就是人类历史本身，人们如果只看见人参与的历史，忽视自然，看到的只能是片面的历史。自然界是一个不断变化和发展的历史过程，人类的出现和人类社会的形成是自然历史发展的历史结果，人类社会历史的产生，改变了我们周围自然进化的本质，所谓自然的进化，不仅是指自然界经历了一个发生在时间中的变化过程，也意味着这个过程具有一定的时间方向，它是一个变化和发展的过程。

第二节　现实的个人

在费尔巴哈那里，人还是抽象的人，无论自然界还是人都是空话，无论关于现实的自然界或关于现实的人，他都不能也不可能对我们说出任何确定和具体的东西，他的出发点是抽象的物质性的个体，而历史唯物主义的现实前提或出发点就是现实的个人。在《德意志意识形态》中，马克思、恩格斯说："我们开始要谈的前提不是任意提出的，不是教条，而是一些只有在想象中才能撇开的现实前提。这是一些现实的个人，是他们的活动和他们的物质生活条件，包括他们已有的和由他们自己的活动创造出来的物质生活条件。"还说"这些考察方法不是没有前提的。它从现实的前提出发，它一刻也不离开这种前提。它的前提是人，但不是处在某种虚幻的离群索居和固定不变状态中的人，而是处在现实的、可以通过经验观察到的、在一定条件下进行的发展过程中的人"。

这就为我们理解现实的个人提供了理解历史唯物主义的基础，这种现实的个人究竟是一种什么样的人呢？马克思和恩格斯在《德意志意识形态》中澄清了这个概念的内涵："这里所说的个人不是他们自己或别人想象中的那种个人，而是现实中的个人，也就是说，这些个人是从事活动的，进行物质生产的，因而是在一定的物质的、不受他们任意支配的界限、前提和条件下活动着的。"这就是说，这种现实的个人从事物质生产，物质生产也可以被表述为物质实践。这种现实的个人根本上是通过物质实践及其相关理解来定义和确认的，这里的现实的个人便是指现实生活中从事具体的物质实践活动的具体的个体，因此具体的物质实践规定着相关的现实的个人的本质属性，并且表征着这种现实的个人具体而真实的生存状态，与这种现实的个人具有本质上的统一性。马克思、恩格斯说："个人怎样表现自己的生活，他们自己就是怎样。因此，他们是什么样的，这同他们的生产是一致的——既和他们生产什么一致，又和他们怎样生产一致。"没有物质实践，这种所谓现实的个人就会流于空洞化、抽象化，因此就落不到实处，而且会陷入传统中对人的存在和本性的抽象理解，从而也就没有什么真实的意义了。

物质实践作为人的基本的生存方式并不是仅仅关注于物质需

要，也具有精神性的指向。如果物质实践的意义只在于满足现实的个人的物质需要、肉体欲望，而无关乎人的精神向度和感情世界，以此审视并规定现实的个人，那么他在现实生活中的存在就是片面的、抽象的、单向度的，他的生存与动物就没有什么本质区别，而这也恰恰背离了马克思对人全面理解的旨趣。在我们所经历的现实生活过程中，从物质实践所形成的实际效果看，物质实践固然为现实的个人提供了可供生命延续所需要的物质，解决了生存问题，但与此同时，那些现实中的物质实践却导致了人固有的特性与本质的丧失，并造成他的异化，使他不能成为人，丧失了人的本质，原本用以实现人的本质发展的手段却走向了人的对立面，并导致人的存在与自己的本质形成严重的分裂。在此，马克思看到了隐藏在物质实践活动中的矛盾的方面，同时发现了对物质实践的不合理理解和运用可能造成的危险，这种异化实际揭示了在这种异化了的实践中现实的个人本质丧失的残酷现实，人不仅会因此走向人的反面，而且物质实践的真实意义也被遮蔽了。

马克思的哲学首先表现为对生存发展的主体即现实的个人的深切人文关怀上，因此马克思的哲学也可被视为一种广泛的人类学。马克思站在当时社会中大多数穷苦人即无产阶级的立场上，对资本主义的社会生产中无产阶级的生存境遇和发展命运进行了深入的分析和研究，并由此发现了资本主义生产中工人异化的现实图景，"工人生产的财富越多，他的产品的力量和数量越大，他就越贫穷"。

这种异化现象的形成，是与当时社会片面追求物质生产的风气是分不开的，资产阶级国民经济学往往淡忘了其所关注的物质世界之外还有一个人的世界，而这个人的世界才是更根本更重要的。因此在资本主义制度下，劳动的对象化会不可避免地转化为异化，"劳动的这种实现表现为工人的失去现实性，对象化表现为对象的丧失和被对象奴役，占有表现为异化、外化"。马克思从异化理论出发，发现了资本主义制度不合理的根源在于人的自我异化即类本质的丧失，在此基础上，指出随着社会生产的发展和无产阶级的阶级意识的觉醒，私有财产即人的自我异化的积极扬弃将是不可避免的，这也就是共产主义运动理论的现实根基。在《关于费尔巴哈的提纲》中，马克思明确提出了改变世界的使命，而在《德意志意识形态》中，马克思回答这项使命的出发点是现实的个人，是对现实的个人的生存的不合理性的揭示，因此马克思的讨论都是围绕现实的个人而展开的，现实的个人便是马克思哲学的逻辑起点。

在《关于费尔巴哈的提纲》和《德意志意识形态》等著作中，马克思确立了个人的感性活动与现实的个人之间的联系，最终表明现实的个人就是进行感性实践活动的个人，或者说，就是感性实践活动的具体的主体，从而使得个人从有生命的个人到具有类本质的个人在历史发展中的不断生成过程中得到了说明。在《德意志意识形态》中，马克思揭示了现实的个人的总体性的多重内涵：现实的个人是感性的个人，个人首先是一种肉体存在物和有生命的存在物，因此并不超离于自然之外，而是同其他自然物一样受制于自然规律；现实的个人是具体的个人，是在一定的感性活动中存在的个人，感性活动是一种具体的活动而有别于抽象的精神活动；现实的个人还是个体性与社会性的统一，个人作为直接的具体的个体存在者，同时身处在各种社会关系中；现实的个人是历史的个人，个人总是在一定的历史处境和历史时代中生存和发展，从地域性的个人到世界历史性的个人，同样是个人历史性的不断展开的过程。

所谓现实的个人，就是客观上实际生存着的人，这样的人，不能归结为不加区分的个体，也不是个体间的简单集合，而应该被看成个体、群体和类的有机统一。人的本质不是个人的自身孤立，即不是每个人所具有的抽象物，而是由人在社会生活中的全部社会关系——在物质生产实践中所形成的生产关系——的总和造成和决定的。人的本质在于它的社会性，在于人在社会中结成各种各样的社会关系，现实的个人就生活在这种错综复杂的社会关系中。人的本质的具体性和历史性，就在于它的社会性，因为社会生活是不断发展变化的，现实的个人的社会关系也会随之不断发展变化。因此，一切社会关系总和决定人的本质并非一成不变的而是不断变化的，并随着整个人类社会的发展而发展，具有具体性和历史性，只有把人放在具体的社会历史条件之中加以考察，才能揭示现实的人的真正的本质。

马克思对人的本质的理解可以说是一种巨大进步，他指出构成人的本质的基础既不是人的自然属性，也不是人的自然属性和社会属性的抽象结合，而是人的具体的社会关系的总和。人的本质就是社会关系等多种因素在一定生产关系基础上的交互作用，在个人身上产生的一种客观结果，并且是不断发展变化的。不论人的自然性是怎样的，它最终都由人的社会性所支配。这种现实的人是"处在一定的条件下进行的、现实的、可以通过经验观察到的发展过程中的人，这里所说的个人不是他们自己或别人想象中的那种个人，而是现实中的个人"。

在马克思以前，尤其在宗教哲学和德国古典哲学中，不乏有关于人的本质的各种表述：宗教神学把人的本质推向神，认为上帝创造了人并因此最终地赋予和决定了人的本质是神的副本；黑格尔推崇理性，认为人不过是绝对精神认识自身的工具和手段，人的本质在于自我意识的不断实现，因此绝对理性就构成了人的本质和目的。无论是宗教神学还是黑格尔哲学都有一个共同点，就是将人的本质外在化，在上帝和绝对理性中去寻求人的本质。这就产生了一个问题：人的本质究竟是内在于人的，还是由某种外部精神实体赋予的？

　　这也是费尔巴哈所面临的诘难，可以说是费尔巴哈直接把马克思带入了这样思考人的本质的切入口。费尔巴哈作为人本学唯物主义者，在人的本质问题上，他无需求助于神，也不会求助黑格尔的绝对理念，而是强调人的本体地位，提出了"人的本质是人自身"。在费尔巴哈看来，人是由对象而意识到自己，因此对对象的意识就是人的自我意识，人的本质便在对象中显现出来了，而对象就是他真正客观的"我"，所以，"我"即人本身，就成了人的本质的显示。费尔巴哈说："人所认为绝对的本质，就是人自己。"由此，费尔巴哈与宗教神学和黑格尔的绝对理念划清了界限，迈出了在人本身中探求人的本质的关键性的一步。费尔巴哈的这个思想和他的"宗教是人的本质异化"的论断完全一致，他既把神的本质归结为人的本质，又把人的本质归结为人本身，指出了宗教就其实质而言，不过是"人的本质在幻想中的实现"，费尔巴哈在宗教批判中抛却对于超验事物的幻想，给人的本质注入现实性，强调人的本质就是人本身。这就道明对宗教的批判不过是对尘世的批判，对天国的批判不过是对现实的批判，对神学的批判不过是对政治的批判。

　　费尔巴哈在人类思想史上第一个提出人的类本质思想，也就是把人的本质定位于"类"，其所说的类本质也就是指人之为人而与动物相区别的共同特性。那么，到哪里去寻找这种共同性呢？其实本来有两条道路可供选择：第一条道路是从人的进化和发展的历史中去寻找，马克思后来走的就是这条道路，费尔巴哈不理解生产和实践对世界和人的生成的决定意义，于是，他选取了另一条相对简单的道路，这就是把类理解为单个人的简单相加，在孤立的个体中找出既能把所有人自然地联系起来又能与动物相区别的普遍性。这时费尔巴哈想到了人的意识的普遍性，"究竟什么是人跟动物的本质区别呢？对这个问题的最简单、最一般、最通俗的回答是意识"。不过他还对意识附加了一个条件，因为他认为，如果意识只是指感性的能力或对外界事物的知觉和判断，那么动物也具备这样的意识。费尔巴哈说："只有将自己的类、自己的本质性当作对象的那种生物才具有最严格意义上的意识。"根据这个标准，"动物固然将个体当作对象，因此它有自我感，但是它不能将类当作对象，因此它没有那种由知识得名的意识……科学就是对类的意识。在生活中我们跟个体打交道，而在科学中，我们是跟类打交道。"人就是通过科学意识而把"类"当作对象，从而与动物产生了根本区别。费尔巴哈最终把人的类本质归结为科学意识，而且他还进一步将科学意识扩展到人的存在中最高的完善性，"理性、爱、意志力这就是完善性，这就是最高的力，这就是作为人的人的绝对本质，就是人生存的目的"。

费尔巴哈关于人的类本质的理论也是有其合理之处的，比如他把类本质定位为人与动物的根本区别是正确的，人的本质自然需要在与动物的区别中才能显现出来。但是，他把意识、理性、意志和爱当作类本质，却缺乏严格的根据和论证，因为意识和理性本身并不具有初始性和第一性，随着进一步的研究，可以发现产生意识与理性的更根本的源头，费尔巴哈没有去探求这个源头，这也是他的类本质学说的不彻底之处。

马克思不同意费尔巴哈对人的类本质所作的抽象的理解，但为了把人的本质推向人与动物根本区别的境界，他认为仍可借助费尔巴哈的类概念。不过在《1844年经济学哲学手稿》中，马克思没有直接开始探讨人的类本质，而是通过"人是类存在物"的命题渐次说明类本质。在马克思看来，人具有类本质是因为人是类存在物，而人之所以是类存在物，主要源于人与动物相区别的两个方面：其一，人不仅把外部世界当作自己认识和活动的对象，而且把自身及其"类"也当作同样的对象，这一点是人所独有，而动物不可能具有的，动物不仅不把自身当作对象，也没有从外部世界中分离出来，而是与之融合在一起，根本谈不到对象化；其二，"人把自身当作现有的、有生命的类来对待……当作普遍的因而也是自由的存在物来对待"，人作为一个类和其他物的类的最大的不同在于，人有生命，这就是人与无机界的区别。虽然动物也有生命，而且人和动物都依靠无机界生活，但人赖以生活的无机界的范围要比动物广阔得多。从思想领域来说，植物、动物、石头、空气和阳光等既是自然科学研究的对象，又是艺术塑造的对象，因此"都是人的意识的一部分，是人的精神的无机界，是人必须事先进行加工以便享用和消化的精神食粮"。从实践领域来说，"这些东西也是人的生活和人的活动的一部分，人在肉体上只有靠这些自然产品才能生活"，同时，人又把它们当作对象化活动中的资料和工具，因此自然界变成了人的无机的身体，人在自然界面前所表现出的这种普遍性表明，人虽然靠自然界生活，但不像动物那样只是依附于自然界，而是处处以自然界作为自己的无机的身体，作为自己本质活动的参与者。因此，人和动物不同，人在自然界面前为自己争得了自由，这就是马克思在《1844年经济学哲学手稿》中所说的"人把自身当作普遍的也是自由的存在物来对待"。

人的自由和动物的不自由都体现在生命活动中，人的生命活动，首先是生产生活也就是产生生命的生活，在人类的生产生活中，人是自己的生命活动本身同时也是自己意志和自己意识的对象，而动物和自己的生命活动是直接同一的，动物的生命活动缺少意识环节，依赖于本能，因而与人的生命活动不同，是无意识的生命活动。因此，马克思揭示了人的生命活动所具有的自由属性，而且又进一步将自由向前探伸到意识，由此马克思得出结论："自由的有意识的活动恰恰就是人的类特性……有意识的生命活动把人同动物的生命活动直接区别开来。正是由于这一点，人才是类存在物。"

　　自古以来，当人面对自然界，在认识和改变自然界的同时，总是在对人的反观中加剧对人的本性的困惑，马克思也是在这种反观中指出：人是类存在物，人的类特性是自由的有意识的对象性活动，人正是凭借这种类特性才与动物区别开的。这里的自由的有意识的对象性活动指的就是人的实践活动，实践并不是盲目的干，而是自由的、有意识的特性，所以马克思才说："通过实践创造对象世界，改造无机界，人证明自己是有意识的类存在物，它把类看作自己的本质。"这里，马克思把类、类特性、类本质都建立在实践之上，认为实践不仅是产生生命和创造对象世界的活动，而且是人肯定和确证自身的对象性的活动。

　　马克思在《1844年经济学哲学手稿》中系统提出了自己理解的人的类本质思想，虽然他没有对费尔巴哈展开系统的批判，但是《1844年经济学哲学手稿》中所蕴涵的人化自然以及类本质奠基于实践之上等实践唯物主义思想，又清晰地与费尔巴哈带有唯心主义色彩的类概念相对立，时刻酝酿着对费尔巴哈思想的决裂和批判。1845年春，马克思在《关于费尔巴哈的提纲》中实现了立场的转变，开始着手对费尔巴哈的类本质概念的批判。

　　首先，马克思从人生存的实践基础出发，指出费尔巴哈的类本质的内涵之所以是片面的、抽象的、第二性的，是因为他没有抓住人之为人的根本。费尔巴哈把意识、理性、情感和爱这种抽象概念视为人的类本质，以为用这种精神的抽象物就能把人联系起来，进而使人成为与动物不同的类。马克思说，无论是费尔巴哈所诉诸的感性直观，还是他所强调的感情、意志和爱都脱离了现实的根基，而没有把它们"看作实践的、感性活动"的产物。与费尔巴哈不同，马克思从人的生产实践活动来理解人的类本质问题。人作为有生命的存在物，必须首先进行生活资料的生产以维持生命的延续，而人的生产活动是自由的和有意识的，而且正是这种自由的、有意识的活动才能够从根本和源头上把人与动物区别开来。所谓意识、理性、感情和爱等不过是人在生产实践的过程中形成和发展起来的，这才真正地确立了理论的基础。正是因为费尔巴哈没有看到生产实践的根本地位，他关于人的类本质说就不可避免地滑落到了唯心主义，并陷入了矛盾。

其次，费尔巴哈关于人的类本质的承担者不是进行感性实践活动的现实的个人，而是他假定的"抽象的——孤立的——人的个体"，意志、友情和爱也不过是从中抽象出来的"一种内在的、无声的、把许多个人纯粹自然地联系起来的普遍性"。费尔巴哈虽然口头上承认人的社会性，但他并不理解人的社会性的实践本质，而不理解实践就永远也看不到真实性的社会性的人，在他的视野中的人只能是孤立的个体，而社会不过是这些同质单个人的累积和简单相加。而且，对于单个人的认识，费尔巴哈也只能做到表面、直观的理解，他看到每个个人都具备友情、意志和爱，便很自然地用这种纯粹感情上的抽象物把人连接起来，并形成费尔巴哈所理解的类概念。如果费尔巴哈理解实践，那么在他视野中的人就绝不是孤立的个体，连接他们的普遍性也就不会是感情、意志和爱，而只能是生成它们的实践活动。所以，在《1844年经济学哲学手稿》中，马克思对于费尔巴哈所理解的单个人的抽象性做了强有力的回应："他所分析的抽象的个人，实际上是属于一定的社会形式。"后来马克思在《德意志意识形态》中也进一步指出，费尔巴哈之所以一再强调单个人，是因为他不理解实践的意义，而只是抽象的看待，即"只把人看作'感性对象'而不是感性活动……没有从人们现有的社会联系、从那些使人们成为现在这种样子的周围生活条件来观察人们"。看不见感性对象背后作为基础的感性活动，也就不会理解实践活动的社会性，所以他理解的只是一个个孤立的感性对象。因此，从孤立的个体中所抽象出来的感情、意志和爱也只能表征单个人的特性，而不可能真正表示出人的类本质，人的类本质必须与人的社会性相比较，只能是作为社会的人所具有的自由的、有意识的对象性活动。

最后，马克思通过对费尔巴哈宗教观念的分析批判，进一步揭露了其确立的类本质的虚幻实质。费尔巴哈认为"人的依赖感是宗教的基础"，不仅有对自然的无知和畏怖，还有欢乐、感恩、热爱和崇敬等积极的感情，这也是宗教产生的"心理根源和主观根源"。马克思批评费尔巴哈不是从人的生命活动和感性活动入手，不是在人的生存实践中探讨宗教产生的根源，而是撇开那些具体的历史进程，把宗教感情固定为独立的东西超越于实践之上的东西。依赖感作为一种宗教感情，实际上是费尔巴哈把作为类本质的感情、友谊和爱运用于宗教所形成的基本观点，它们的形成绝非平白无故，其深刻根源只能到相关的社会实践和社会环境中去寻找。费尔巴哈之所以把宗教感情与生活实践和历史进程相分离，并使其独立化，还是由于不理解"社会生活在本质上是实践的，凡是把理论导致神秘主义的神秘东西，都能在人的实践中以及对这个实践的理解中得到合理的解决"。

自由的有意识的对象性活动作为人的类本质，其功能不仅在于把人与动物区别开来，也是人之为人的本质性依据。但是，人的类本质对人的本质的全面揭示毕竟只是初步和有限的，它只是圈定了人的外延，划了一道人与动物的分界线，而对于人本身固有的个体性本质没有提供任何具体的确认。人的本质作为人与他物的根本区别需要划清两个界限，除了用类本质划清人与动物的界限之外，还要划清个人之间的界限，把人的个体本质和个性凸显出来，这也是人的本质的内在要求。

在马克思看来，揭示人的自身本质首先必须摆脱类本质的一般性和宽泛性，向具体的人的现实性即现实的个人靠拢。自由的有意识的活动作为人的类特性，只是所有人之为人的底线，它并不涉及那些现实的个人，因此类特性并不能对人进行区分，而只能认定被囊括于自由的有意识的活动中的是人。而对于个人的个性，比如他们是什么样的人、他们之间的区别，类本质就无能为力了，但现实的个人个性对于我们的理解是很重要的。在这个意义上，类本质只不过是对人的总体属性的概括，人的本质走向现实就必须在人的生存和发展中实现对人的实践活动的分化、细化和具体化，以便发现人与人的区别，确认不同人的个性本质。实践便成了这一过程的唯一的源泉、动力和起点，诚如马克思所说："个人怎样表现自己的生活，他们自己就是怎样，因此，他们是什么样的，这同他们的生产是一致的——既和他们生产什么一致，又和他们怎样生产一致。因而个人是什么样的，这取决于他们进行生产的物质条件。"因此，在类本质和实践相关联的历史发展中，马克思区分出了作为现实的个人的三个层次。

有生命的个人或自然意义上的个人，作为现实的个人发展的第一阶段。马克思说："任何人类历史的第一个前提无疑是有生命的个人的存在。因此第一个需要确定的具体事实就是这些个人的肉体组织，以及受肉体组织制约的他们与自然界的关系……任何历史记载都应当从这些自然基础以及它们在历史进程中由于人们的活动而发生的变更出发。"马克思从现实的个人出发去理解和认识社会历史，认为首先应该对必须有生命的个人的存在作出合理的解释才可能继续下去。有生命的个人的存在和维持是其发展的前提，个人要想存在和发展首先就必须从事物质生活资料的生产，即物质实践。然而，在这一阶段，人们的生产实践活动还处在刚刚起步的阶段，生产力水平还十分低下，个人对自然有着非常强的依赖性，人们之间的关系也十分简单和原始。个人与个人之间的关系主要体现为个人同他所处的氏族组织之间的血缘关系，人们的生产生活状况也主要是由这种血缘亲属关系所决定的。个人与个人之间通过家庭、氏族、部落或者土地本身等原始的条件而结合在一起，所有者对非所有者的统治既可以依靠个人关系，也可以依靠组建共同体的方式来实现，此时的个人不是作为一个具有独立意识和自由的个体与其他人发生关系，而是作为一分子消融在氏族组织的共同体之中，所以，这一阶段上的个人只能算自然意义上的个人。

偶然的个人或抽象的个人，可以看作现实的个人发展的第二阶段。伴随着社会生产力的发展以及社会分工等现实条件，人与人之间主要的交往形式也由直接交往逐渐转变成以物（主要指货币）为媒介的间接交往。个人之间不是简单的依赖关系，而是通过交换集合在一起，所有者对非所有者的统治也逐渐采取物的形式即通过某种第三者即通过货币来实现，在这种情况下所表示的个人就是偶然的个人。在《德意志意识形态》中，马克思第一次明确地提出了偶然的个人这一概念，认为有个性的个人与偶然的个人之间的差别，不仅是逻辑的差别，而且是历史的事实所表明的。马克思是从个人及其生存条件的关系角度，区分了偶然的个人与有个性的个人。在资本主义条件下，无产者作为偶然的个人并不具备支配和控制其生存条件的能力，这些生存条件对于无产者而言还是一种无机的条件，是一种异己的力量。因此，偶然的个人并不是真正的自由的个人，而只是有个性的个人在一定历史条件下的异化状态。但那些生存条件对于资产阶级的个人即资本家而言却是有机的条件，因为这些条件是受资产阶级支配的即资产阶级所有的，也是资产阶级剥削和控制无产阶级的物质条件。马克思认为，无产阶级的个人要想获得自由和解放，必须剥夺剥削者，以占有和支配自身的生存条件，实现对自身的占有，从而成为有个性的个人，有个性的个人终将在人类历史的发展中扬弃偶然的个人以获得自身的确证。

有个性的个人也就是真正的个人，可以看作现实的个人发展的第三阶段。马克思认为，有个性的个人是对偶然的个人的积极扬弃。但是，这种扬弃说来并不是一个思想上的问题，而在于个人通过联合起来的共同体而实现对生存条件的支配和占有。马克思说："个人力量（关系）由于分工而转化为物的力量这一现象，不能靠人们从头脑里抛开关于这一现象的一般观念的方法来消灭，而是只能靠个人重新驾驭这些物的力量，靠消灭分工的办法来消灭，没有共同体，这是不可能实现的。"共同体的建立是偶然的个人转变为有个性的个人所必需的途径，共同体是有个性的个人的生存状态，马克思称之为"自由人的联合体"。在这个共同体中各个人都是作为现实的个人参加的，它是建立在发达的生产力的前提下，各个人的这样一种联合，便通过联合体控制了个人的自由全面发展。在这种共同体中，个人不再通过对物的占有来体现自己的个性，个人也不会总是作为商品的生产者，或总是作为商品的消费者而存在，个人的存在呈现出无限的可能性与开放性，他的存在才可能是全面的与丰富的，这正是马克思所说的个人以全面的方式自由地占有自身，这也就是扬弃了自然的个人与偶然的个人之后的真正的有个性的个人，也就是作为现实的个人的本质的极大实现。

第三章　马克思的社会基础理论

第一节　物质实践

在《关于费尔巴哈的提纲》里，马克思就确立了将新哲学建立在感性的物质实践之上的思想。在马克思对感性的物质实践的理解中，人类有物质性生产的向度，也有审美的向度，而在马克思的思想逐渐深化的过程中，他发现所谓审美实践只不过是奠基在物质实践之中，而且作为物质实践的一种存在维度而得到理解的。如果我们把两者对立来理解的话，便陷入抽象的形而上学思辨之中去了。所以我们就必须在实践论的意义上回到物质实践，并从中获得对历史唯物主义的理解，因此在对历史唯物主义的理解中，只存在一种形式的实践即物质实践，我们可以把物质实践称为实践，在其中不仅要保持其物质性生产的向度，同时也有审美的向度。

人类的需要、欲望产生人类的生产或实践，人类不同的需要、欲望产生了不同的生产或实践，只有具体的需要和欲望才能产生具体的实践。在《1844年经济学哲学手稿》中，马克思讲："诚然，动物也生产。它也为自己营造巢穴或住所，如蜜蜂、海狸、蚂蚁等。但是动物只生产它自己或它的幼仔所直接需要的东西；动物的生产是片面的，而人的生产是全面的；动物只是在直接的肉体需要的支配下生产，而人甚至不受肉体需要的支配也进行生产，并且只有不受这种需要的支配时才进行真正的生产；动物只生产自身，而人生产整个自然界；动物的产品直接同它的肉体相联系，而人则自由地对待自己的产品……因此，人也按照美的规律来建造。"因此，物质实践既是一种物质生活资料的生产，创造物质财富，谋求经济利益，满足人的物质生活需要，解决人活着的问题，也就是使人生存下来，身体有所栖居，实现生命的延续和生活的需要。它也具有审美的意义，即人"自由的生命表现"，创造精神财富，谋求审美价值，满足人的精神生活需要，解决人为什么活着的问题，如何使人活得更好更有意义，使人心灵快乐，精神有所安顿，达到价值的追求，求得一种精神的安宁，沉浸于一种精神的欢乐。

物质需要、欲望对人而言是外在的，对人具有强制性、非自主性，因而是不自由的，往往造成人的异化，使人卑贱和屈辱地生活着，丧失本质，生命感到排斥与压抑，显得极端不幸和痛苦。人的本质的丧失，也必然使人对劳动失去兴致和乐趣。正如马克思所说："劳动对工人说来是外在的东西，也就是说，不属于它的本质的东西。所以，他在自己的劳动中不是肯定自己，而是否定自己；不是感到幸福，而是感到不幸；不是自由地发挥自己的体力和智力，而是使自己的肉体受折磨、精神遭摧残。因此，工人只有在劳动之外才感到自在，而在劳动中则感到不自在，他在不劳动时觉得舒畅，而在劳动时觉得不舒畅。因此，他的劳动不是自愿的劳动，而是被迫的强制劳动。劳动的异化性质明显地表现在，只要肉体的强制或其他强制一停止，人们就会像逃避鼠疫那样逃避劳动。外在的劳动，人在其中使自己外化的劳动，是一种自我牺牲、自我折磨的劳动。这种活动是他自身的丧失。"而精神需要对人来说则往往被视为内在的，所以这种审美的向度对人而言具有自愿性、自主性，表现为人的自由的本性。一方面，人作为人而存在，充分地实现着自我生命的独特价值或非凡意义，人的生命处于价值和意义的实现之中，人活得高贵和富有尊严；另一方面，由于人可以在他所创造的世界中直观自身，感受体验并确证自我生命的独特价值或非凡意义，而能够获得一种心灵的安顿、精神的慰藉、感情的寄托，享受着自己生命内蕴的快乐与幸福。使这种审美向度得以实现的劳动和实践活动，在马克思看来是真正的生产，是符合人的本质的实践方式，就像恩格斯所讲："在合理的制度下，当每个人都能根据自己的兴趣工作的时候，劳动就能恢复它的本来面目，成为一种享受。"

马克思、恩格斯认为，社会的发展和历史的进步，将有助于促成物质实践审美意义的真正实现，人的本质也能够现实的实现，开始一种前所未有的真正生活。在马克思的著作《哥达纲领批判》中，他讲到在共产主义社会这种高级阶段，"劳动已经不仅仅是谋生的手段，还是生活的第一需要"。物质实践将进入一种全新的阶段，在这个阶段，人不仅获得物质财富，还将最终成为人，享受一种崇高的精神快乐，这也是物质实践两个向度得以协调的极大完成。在恩格斯的著作《反杜林论》中，他也讲到在共产主义社会，"生产劳动给每一个人提供全面发展和表现自己全部的即体力的和脑力的能力的机会，这样，生产劳动就不再是奴役人的手段，而成了解放人的手段，因此，生产劳动就从一种负担变成一种快乐"。

我们发现，在历史唯物主义中，马克思所言的实践，不是一个抽象、笼统、一般的实践概念或范畴，而是进一步明确具体地指向了一种物质实践，在实践论的意义上，正是这个物质实践才成就了马克思的历史唯物主义，它指出了实践概念的感性性质，并由此发展出了它所理解的世界的统一性。

"我们首先应当确定一切人类生存的第一个前提，也就是一切历史的第一个前提，这个前提是，人们为了能够'创造历史'，必须能够生活。但是为了生活，首先就需要吃喝住穿以及其他一些东西。因此第一个历史活动就是生产满足这些需要的资料，即生产物质生活本身，而且这是这样的历史活动，也是一切历史的一种基本条件，人们单是为了能够生活就必须每日每时去完成它，现在和几千年前都是这样。"在这里，马克思和恩格斯就已经认为，是物质实践创造了人类社会的历史，构成了人类社会历史的一个基本条件。

他们还认为，物质实践不仅创造了人类社会的历史，而且在此基础上，形成了人们各种思想或观念。因此，也要从物质实践出发才能合理地解释各种思想或观念的形成，可以说在此他们谈到了历史唯物主义理解的体系和步骤，"从直接生活的物质生产出发，阐述现实的生产过程，把同这种生产方式相联系的、它所产生的交往形式及各个不同阶段上的市民社会理解为整个历史的基础，从市民社会作为国家的活动描述市民社会，同时从市民社会出发阐明意识的所有各种不同理论的产物和形式，如宗教、哲学、道德等，而且追溯它们产生的过程。"这里所讲的由市民社会来阐明各种思想或观念，仍然脱离不开物质实践，因为这个市民社会毕竟还是由物质实践所创生，它本身还必须靠物质实践来加以说明，只有先通过物质实践说清了市民社会，才能进而在此基础上说清各种思想或观念。并且正是如此，他们才会说"这种历史观和唯心主义历史观不同，它不是在每个时代中寻找某种范畴，而是始终站在现实历史的基础上；不是从观念出发来解释实践，而是由物质实践出发来解释观念的形成。"在此，物质实践对于历史唯物主义体系的建立便具有了奠基性的作用，对解释思想或观念的作用和意义也具有基础作用。

在《反杜林论》中，恩格斯对历史唯物主义的基本原理有过一番理解，"新的事实迫使人们对以往的全部历史作一番新的研究，结果发现：以往的全部历史，都是阶级斗争的历史；这些互相斗争的社会阶级在任何时候都是生产关系和交换关系的产物，一句话，都是自己时代的经济关系的产物。因而每一时代的社会经济结构形成了现实基础，每一个历史时期的由法的设施和政治设施以及宗教的、哲学的和其他的观念形式所构成的全部上层建筑，归根到底都应由这个基础来说明。这样一来，唯心主义从它的最后的避难所即历史观中被驱逐出去了，一种唯物主义的历史观被提出来了，用人们的存在说明他们的意识，而不是像以往那样用人们的意识说明他们的存在。"这里尽管没有提物质实践，但所谈观点却是围绕物质实践而展开的，这里所谓的现实基础由物质实践所创造和奠定。没有物质实践，这个现实基础的存在便是不可能的。所谓"用人们的存在说明他们的意识"，这个人们的存在归根结底便是人们物质实践的方式，只有通过物质实践把人们的存在说清楚了，意识才会得到合理的解释。

只有通过物质实践才能澄清人们的存在，相对于人们的存在，物质实践显然才是人类社会更为内在更为根本更为深层的东西，决定人类的社会面貌和历史发展。也就是说，人类社会奠基在"直接的物质的生活资料的生产"，这实际上还是说，物质实践的方式构成了社会的经济基础，虽然以这个基础为前提在人类的社会生活中产生了"人们的国家设施、法的观点、艺术以至宗教观念"，但要解释这些"人们的国家设施、法的观点、艺术以至宗教观念"毕竟还是要回到物质实践。

由上述分析我们不难看出，历史唯物主义就是紧紧围绕"物质实践"而展开的，其中蕴含了这样两个基本道理。第一，物质实践具有基础地位，即物质实践的方式构成了人类社会的经济基础，进而也影响了人类社会的各种思想或观念的形成，最终影响了人类的社会面貌和历史发展。人类社会在本质上就是一种物质社会形态或经济社会形态，以最大限度地获取物质财富、经济利益为最高发展目标，同时也是人的主体本质不断实现的过程，体现的是一种广泛的经济发展的尺度和资本运行的逻辑。第二，用物质实践说明一切，社会的一切也只有在纳入物质实践的社会分析或阐释框架的前提下才能求得科学的观照、言说、解释与把握。在根本的意义上，历史唯物主义就是以物质实践为基本概念、核心范畴所生发演绎出来的对人的现实性的真切关注的理论体系，物质实践便成为了历史唯物主义的真正诞生地和秘密，同时也鲜明地标志和彰显了历史唯物主义根本不同于以抽象思辨为特点的唯心主义，也根本不同于以客体或直观为特点的旧唯物主义，在人类哲学思想史上实现了一次伟大的变革，具有划时代的里程碑意义。

马克思、恩格斯从纷纭复杂千变万化的各种社会现象中，抽离或提取一个物质实践并把它作为历史唯物主义建构的基本概念、核心范畴，并不是偶然的。表面看来，这是他们研究政治经济学的一个重要理论成果，在政治经济学的研究中，没有物质实践，就没有什么物质财富或经济利益，物质实践就是能够表征一切的东西，也正是在政治经济学的研究中，马克思、恩格斯走出哲学反而成就了哲学，超出了旧哲学，并建立起一个广泛的奠基于物质实践之上的体系，即创立了历史唯物主义。实际上，这种创立是由现实生活决定的，因为现实生活才具有最终的决定意义；这种创立也是马克思和恩格斯在社会生活的现实性的基本理解上所形成的。他们是从现实本身寻求思想，而不是由思想来分析社会、解读历史。在马克思、恩格斯生活的时代，人类有物质需要、欲望，也有精神需要、欲望。但是，由于人们物质生活的极端贫困化，在这种肉体需要的强烈压迫下，人类的精神需要、欲望在现实生活中往往被排挤，受压制，都逐渐萎缩掉了，被消解掉了。因而在实践论的意义上物质实践作为异己的力量压抑了自身固有的审美趋向，而马克思看到了这种异化，并指出了积极扬弃异化的道路。

第二节 异化劳动及其扬弃

关于劳动对人的发展的意义，当今社会将其简单地理解为创造物质条件的手段，而忽略了劳动活动本身对劳动者身心发展本质性建构的意义。因此，劳动对人的全面发展的作用没有受到应有的重视，劳动本身不能仅仅被看成手段，而更应该被看成目的，人除了劳动即物质实践之外并不具备其余的存在方式。而前面那种理解往往会使劳动异化为异己的力量，并实现了劳动与人的分离，马克思的异化劳动理论也正是对这种状况所进行的探讨。

马克思认为，劳动首先是人类自由自觉的生命活动，劳动是人类利用工具改造自然获得劳动产品的对象化活动，并在劳动中建立起人与自然普遍的关系。人与动物的本质区别也就在于劳动的自觉能动性，动物的活动看似自由主动，实则是本能的活动，劳动作为人基本的存在方式构成了人类"生活的第一需要"。

从劳动活动本身看，人的劳动包含两个不可分割的方面：生命活动和精神活动。对于动物而言，劳动与自己的生命活动是直接同一的，而人的生命活动表现为一种区别于"生存"的"生活"。通过劳动把人的活动当作人的意志和意识的对象即对象化的活动，并且使人能够摆脱肉体的简单需要从而进行全面的生产，既生产外界物质财富又使人类自身获得发展，使人摆脱了自然赋予的本能的不足，使人的意识和身体在劳动中逐渐完善，这也是人与动物活动的根本区别。关于人的这种活动方式，马克思曾作出以下的论述，"一个种的全部特性、种的类特性就在于生命活动的性质，而人的类特性恰恰就是自由自觉的活动"，"懂得按照任何一个种的尺度来进行生产，并且懂得怎样处处都把内在的尺度运用到对象上去；因此，人也按照美的规律来建造"，"自然界才表现为他的作品和他的现实"。

劳动中也包含着人的丰富而全面的精神活动。劳动是对人的本质的占有过程，成为人的一种自我生成和发展的手段，这样的劳动才真正是主体对客观世界的能动的改造，才是物质实践本身的目的。一方面，劳动过程体现着人类的创造性，是人的体力、脑力对自然合乎目的的改造和作用，即人的本质力量的对象化。劳动过程中使劳动者的精神力量得到肯定和实现，使主体方面的精神因素现实化为物质力量，这是劳动结果的对象化性质，它的对象化就是人的自我实现的现实化，是人的类本质的感性显现。另一方面，劳动者也在自己的产品中看到自身具有的本质的力量，即"我在我的生产中物化了我的个性和我的个性的特点，因此我既在活动时享受了个人的生命表现，又在对产品的直观中由于认识到我的个性是物质的、直观的，因而可以从中感受到个人的乐趣"。所以，劳动所创造的价值不仅包括劳动者创造的物质成果，也包括人的自我的实现，人对自身的积极性、创造性的发挥，人的能力的提高及发展等。

这种劳动的对象化性质，决定了劳动结果可能出现的二重化，一是真正的自由的劳动，在自由自觉的意志与意识指导下进行的劳动，人的类本质首先与自身分离，把自己的生产和生活活动当作对象，并在劳动过程中进行人的类本质对象化，劳动者在自我创造的劳动过程和结果中直观地看到自己的本质力量，劳动产品因而便是劳动者有意识、有目的活动的产物，由劳动者支配。二是由于劳动过程出现异化，在这种情况下，劳动活动并不是劳动者自我意识的体现，而是迫于某种外在目的的劳动，这种处于强迫下的劳动的结果，一方面使人类自由自觉的自我意识在劳动成果中丧失，另一方面劳动成果不归劳动者支配，劳动成果也丧失了对象化的性质，走向劳动者自我本质的对立面，人的类本质也就异化成了人的异己的本质，成为仅仅维持个体生存的手段和奴役人的力量。人的自由自主的劳动活动的这种二重化性质，表明了劳动既是作为人的自由自主生活的基础，同时也是人被外部条件奴役和异化的源泉。

异化的原义是"疏远、离间"或者货物的"出售、转让"，后来被引入了政治学领域，用来指人的自主权利和自由依据契约而向契约社会的转让，人失去本来具有的自由。而马克思所说的劳动的异化，即人类劳动在生产过程中丧失了自由自觉的性质，在资本主义工业社会的社会生产中，劳动被丧失了人的劳动意识及劳动者在其中所表现的自我的创造性，劳动成果的所有权被剥夺并且成为奴役和支配劳动者的异己的物质力量。劳动因此便有了本质的变化，即本来应该是由人的意识支配自己的活动，却在异化的过程中使劳动活动与人的意识活动相分离，工人不得不通过非自由的劳动来维持个体的生存，人的生活活动降低为动物性的生存活动，只是为了获得物质生存资料以维持生命需要才劳动，进而失去了劳动对象化的真实意义。马克思认为劳动并不必然导致异化，只有在私有制条件下，劳动才转变成异化劳动，变成奴役人、压迫人的力量。这种"片面的、抽象的劳动"，包括两个方面。一方面，主体人在物化过程中，即人在生产活动中，虽然消耗了自己的体力和脑力，在产品中物化了自己的创造力、想象力、作为人的主体的属性，但产品却不归自己支配，反过来作为支配自己的力量，使得人在劳动过程中最后只剩下机械般的体力支出。另一方面，物的主体化，即劳动对象被赋予主体性的特征，人的主体特征被物的特征取代，人在社会中不再被看作被人所支配，而是被那些具有主体特征的物所支配，人的生活的一切行为准则都以物的尺度为标准，形成商品拜物教。因而劳动活动本身的异化正是劳动的这两个方面的相互分离，人的主体性被夺去了自己的生命活动，而生命活动则被夺去了能动的主体性，使得劳动和人的本质都丧失了本初的真实意义。

马克思列举了这种资本主义异化劳动的四种表现形式：

一、劳动产品与劳动者相异化。"工人在他的对象中的异化表现在：工人生产的越多，他能够消费的就越少；他创造价值越多，他自己就越没价值，越低贱；工人的产品越完美，工人自己就越畸形"。劳动产品与劳动者相异化使人的感觉被异化成只是对对象的强烈的占有欲，同时，对象可感觉的多样性与丰富性也往往被忽略了，变得单一而且贫乏，它仅仅向人显现为可被占有与消费的一面，而它作为存在物的自身特性却被遮蔽了。

二、劳动过程同劳动者相异化。劳动本是自由发挥人的体力和智力、体现人的主体性的活动。但是在异化条件下，工人自己的体力和智力的支出，却变成了一种与自己相对抗的力量，也就是"劳动对工人来说是外在的东西，也就是说，不属于他的本质的东西。因此，他在自己的劳动中不是肯定自己而是否定自己；不是感到幸福，而是感到不幸；不是自由地发挥自己体力和智力，而是使自己的肉体受到折磨，精神遭到摧残"。工人从事劳动仅仅是为了谋生，而不是为了个人的实现和自我的发展，他们越是努力劳动，越是制造出压迫自己的力量。

三、人的类本质与人相异化。人的类本质本来在于人能进行有意识有目的的实践活动，是内在于人的劳动中的，这是人不仅相对于动物所具有的优点，而且是人作为类的本质特征。但在异化劳动的条件下，这种劳动的内在动力却同时消失了，劳动变得只靠外在力量推动：或者是人为了获得生存资料不得不去劳动，或者是在资本这种外在的社会力量强迫下进行劳动。在资本主义社会生产关系下，马克思认为，"人的类本质——无论是自然界，还是人的精神的、类的能力——变成人的异化的本质，变成维持他的个人生存的手段。异化劳动使人自己的身体，以及在他之外的自然界，他的精神本质，他的人的本质同人相异化。"人类不仅丧失了自己的类本质，把劳动降低为维持肉体存在的手段，与动物的生存活动也没有本质的区别，而且在异化劳动条件下，人同外部世界的多种多样的本来是全方位的关系，也被唯一的关系即劳动手段与劳动对象的关系所排斥，自然界的丰富性和多样性对异化的人来说就都消失了，这种劳动者与生产资料的分离所造成的直接后果，便是人同人相异化。

四、人与人相异化。人作为有意识的类存在物，就会把类作为自己真实的对象，也就是把他人当作另一个自己来看待。人与自己的本质相异化，即人与他人相异化，在私有制的社会里，尤其是在资本主义社会形态下，劳动者的劳动产品和劳动活动不受它们的创造者即劳动者调控和支配，而必然受到另外的力量的支配。这种力量"不是神也不是自然界，只有人本身才能成为统治人的异己力量"，"总之，通过异化的、外化的劳动，工人生产出一个跟劳动格格不入的、站在劳动之外的人同这个劳动的关系"。这种异己的力量就是资本及其所有者资本家，就是资本主义私有制的人格化。工人处在异化之中，资本家作为异化劳动的根源也不能游离于异化之外。在这里，劳动的异化并不表现为劳动的强度太大，超出人的承受能力，而在于异化劳动的非精神性即对人的精神的压抑，劳动产品不但不再显露出劳动者的创造性，而且反过来成了支配劳动者的对立物，在这样的生活中劳动者根本谈不上有自由全面发展自身的机会。

生产力的提高为消除异化劳动、实现人的自由全面发展提供了充实的物质基础。尽管人的劳动方式已经大大改变，但要彻底消除异化劳动，就必须消灭造成这种异化的根源，即资本主义的私有制，并建立公正合理的社会制度，以实现人类劳动的解放。这种人类劳动的解放作为异化劳动的积极扬弃表现为人类的共产主义运动，共产主义运动标志着人向人的本质的复归的过程。在异化劳动积极扬弃的过程中，人将摆脱对物的依赖，劳动不再仅仅作为谋生的手段，而真正成了人之为人的最后依据，是人的本质对象化和本质实现所必需的自由自觉的生命活动，实现劳动本质的真正实现。

可见，马克思的异化劳动观并不是要取消严肃认真的物质生产劳动，而只是要消除劳动的异化性，不论在什么社会条件下，物质生产劳动都是人类社会存在和向前发展的不可动摇的物质基础。"保持技术、经济、艺术、哲学与经济组织的高水平，几乎和达到这个水平或重新创造它一样困难。每一代人都必须重新学习社会能力、获得这种能力，因为已学会的东西不会像基因一样世代遗传下去。因此，不能把劳动的风尚解释为过时。世界的意义只能由劳动或严肃的努力来创造。即使从劳动中摆脱出来的乌托邦有一天会实现，意义问题也将依然存在，因为意义只有通过劳动才能实现。"马克思所说的克服劳动的异化，也只是要在劳动中恢复劳动本该具有的自由自觉的本质，而不是取消劳动本身，毕竟我们的世界是由劳动创造的。

在对劳动的异化进行扬弃后，马克思对物质生产劳动才能成为个人的自我实现的条件作出了具体的规定。物质生产劳动只有在下列条件下，才能成为真正的劳动，并且成为个人的自我实现，即：（1）社会性，在工作中人与人之间体现出团结合作的精神；（2）创造性，在工作中劳动者能充分发挥自己的积极性和创造性，自由发挥把自己的思想融入到产品中，在自己的产品中反观到自己的聪明和智慧，这是其创造力的实现，当然这种工作是最令人满意的；（3）科学性，"这种人不是用一定方式训练出来的刻板的自然力，而是一个主体，这种主体不是以纯粹自然的或自然形成的形式出现在生产过程中，而是以作为支配一切自然力的人出现在劳动过程中"。在这种恢复了自由自觉的性质的劳动中，由于社会生产力的提高，维持人类生存的物质性生产劳动并不会占用人生中许多时间。人们在劳动过程中创造的物质财富已不是主要的方面，劳动过程中的精神因素、交往因素会更受重视。人们的需要不只限于物质的满足，而更在于精神的需要，创造性劳动是构成人的"第一需要"，在这种自由创造性质的劳动中，人所运用的不仅有身体的力量，而且也有精神创造的力量，不仅表现出科技理性的维度，而且展现了对美的理解和追求的向度。解除了异化劳动的人能够按自己的意愿，去从事创造性的又能体现出自己个性的工作，以实现人自身的全面发展。

劳动过程若要促进人的发展，不仅要通过发展科学技术提高生产力来实现，还必须通过废除私有制对人的剥削来实现。当然，并不是使我们从劳动中摆脱出来，而是使劳动时间和体力紧张程度减少，从单调的劳动及重体力劳动中解放出来。当然，对工作精益求精和严肃认真的态度仍然是必要的，生产将越来越合理化。新社会的劳动将为人的创造性休闲生活提供更为广阔的空间，劳动和自由创造活动也不再是对立的存在物，人们能够通过生产劳动的发展达到理想的工作和生活状态，最终将摆脱抽象的社会分工的束缚，解除劳动对人的奴役。

异化劳动的扬弃从历史的长过程来说固然是劳动性质的质变，但是在具体的历史演变过程中，异化劳动的扬弃并不会自然自发地发生，而是伴随着意识的觉醒而完成和实现的，总是在众多劳动者的自觉努力下一点点地发生着性质的变化。那就是从具体的个人开始，扩展到具体的企业及更多的、范围更广的劳动组织，然后是整个社会的劳动制度发生根本性质的变化。这样在人类整体的意义上，异化劳动的扬弃就成为了历史的必然。

第三节　经济范畴

在马克思的思想历程之中，他对物质实践和异化劳动的观点进一步细化和下移之后，最终在经济领域内发现了社会生产的秘密。马克思新世界观所确立的改变世界的理论自觉，把追问定位为研究"现实的历史"，对现实的描述，是对人在社会生活中的状态的描述，这一点尤其体现在马克思的《资本论》及相关经济学论著中。毫无疑问，《资本论》建构了一个经济范畴构成的理论体系。因此，人们往往只是把《资本论》视为关于"资本"及其逻辑的经济学巨著，或者认为在《资本论》中包含片段性的哲学思想并不能构成体系，而不是把《资本论》视为对马克思哲学具有奠基性意义的哲学巨著。不过，在我们的分析中可以看到，马克思从劳动力商品这个经济范畴的角度，阐明了资本主义所有制关系的本质。这就是少数人垄断占有了生产资料，而劳动者失去了一切生产资料，从而只能将本人的劳动力作为商品卖给生产资料所有者。这种所有制关系就产生了剩余价值的生产过程，而这正是当时社会生产下现实的人的生活状态，也正是这个由经济范畴构成的理论体系对现实的描述，在人类思想史上史无前例地揭示了"物和物的关系"掩盖下的"人和人的关系",从而揭示了"现实的历史"的秘密,并构建起了马克思的历史唯物主义体系。

马克思在《〈政治经济学批判〉导言》中便作出过这样的说明:"从实在和具体开始,从现实的前提开始,因而,例如在经济学上从作为全部社会生产行为的基础和主体的人口开始,似乎是正确的。但是,更仔细地考察起来,这是错误的……抛开构成人口的阶级,人口就是一个抽象。如果我不知道这些阶级所依据的因素,如雇佣劳动、资本等,阶级又是一句空话。而这些因素是以交换、分工、价格等为前提的。比如资本,如果没有雇佣劳动、价值、货币、价格等,它就什么也不是。因此,如果我从人口着手,那么,这就是关于整体的一个混沌的表象,并且通过更切近的规定我就会在分析中达到越来越简单的概念,从表象中的具体达到越来越稀薄的抽象,直到我达到一些最简单的规定。于是行程又得从那里回过头来,直到我最后又回到人口,但是这回人口已不是关于整体的一个混沌的表象,而是一个具有许多规定和关系的丰富的总体了。"也就是说,以往那些所谓的从人本身出发而考察人,只能是从抽象的人出发而获得对人的抽象的理解。只有从关于人的生活规定——首先是社会生产的经济范畴——出发,才能形成对人的具体而全面的理解;也只有展现经济范畴所构成的具体的境况,才能真正揭示出现实的历史,从而理解历史唯物主义。

关于具体的经济范畴之间的关系，马克思认为"比较简单的范畴，虽然在历史上可以在比较具体的范畴之前存在。但是，它在深度和广度上的充分发展恰恰只能属于一个复杂的社会形式，而比较具体的范畴在一个比较落后的社会形式中有过比较充分的发展"。由此马克思提出："资产阶级社会是最发达的和最多样性的历史的生产组织。因此，那些表现它的各种关系的范畴以及对于它的结构的理解，同时也能使我们透视一切已经覆灭的社会形式的结构和生产关系。"马克思进而得出的一个基本的方法论结论是，人体解剖对于猴体解剖是一把钥匙，资本主义社会在当时代表着人类所经历过的最先进的社会形式结构和生产关系，可以通过对资本主义的经济结构理解，从而达到对以前社会社会生产的把握，因此，马克思便以对资本主义社会的研究作为出发点。

作为《资本论》的出发点的经济范畴是商品，对此马克思的解释是，"资本主义生产方式占统治地位的社会的财富，表现为'庞大的商品堆积'，单个的商品表现为这种财富的元素形式。因此，我们的研究就从分析商品开始"。而商品具有使用价值和交换价值，使用价值是物作为一个外界的对象，能够靠自己的属性来满足人的某种需要，即物的有用性。而交换价值则是一种使用价值同另一种使用价值相交换的量的关系或比例，其中商品的使用价值是其交换价值的物质承担者。不过商品的二重性并不能同时实现，同时作为使用价值的两个商品首先是异质的，因为在使用价值中所关注的只是商品对人具体需要的满足。而作为交换价值，两个商品却是同质而异量的，因为在交换价值中人们关心的是商品能够实现交换的尺度。

马克思在论述商品的二重性所体现的劳动的特性时指出：如果先不来考虑商品体的使用价值，商品体就只剩下一个属性，即劳动产品这个属性，也就是交换价值的承载物。随着劳动产品的有用性质的消失，体现在劳动产品中的各种劳动的有用性质也消失了，也就是说这些劳动的各种具体形式也消失了，各种劳动不再有什么差别，全都化为相同的抽象人类劳动。在马克思对商品的分析中，在商品的二重性中凸显了作为现实的人的劳动的二重性，这就是创造商品使用价值的"具体劳动"和商品作为劳动产品的"抽象劳动"。劳动的二重性为理解"现实的历史"即人的存在提供了现实的而不是抽象的切入点——人自身的二重性。

人首先表现为自然属性的存在，而作为自然的存在，人有自然的需要，不过这种自然的需要是人通过劳动实现的，并在分工的社会化和流通中成为商品。商品的使用价值，就在于商品是靠自己的属性来满足人的某种需要的物，而人的具体劳动，是以各种具体的劳动形式创造出满足人的不同需要的物，也就是创造使用价值。因此，商品的使用价值和人的具体劳动，在人的现实的历史中体现着人的自然属性。然而，在商品中所体现的人的自然属性，不再是抽象的与历史无关的自然属性。这种以劳动创造使用价值的自然属性，是完全超越了传统中把人与自然界的关系从历史中排除出去并因而造成了自然和历史之间的对立的抽象的人的认识，而是现实的个人在社会生活中具体的自然属性。

人的自然的历史性表明了人存在的两个向度，既是自然的存在，又是社会的存在，这就是人的存在的二重性。这种二重性是不可分割的关联着的，只是由于分析问题的需要才被分离出来看待。人的存在的二重性，也即是人的自然性和社会性，在经济范畴中体现为商品的二重性及其所蕴含着的劳动的二重性。商品作为交换价值，只是无差别的抽象人类劳动的单纯凝结，即不管以哪种形式进行的人类劳动力耗费的单纯凝结，从商品的交换价值的视角看，商品不过是"在它们的生产上耗费了人类劳动力，积累了人类劳动"，商品价值则不过是"作为它们共有的这个社会实体的结晶"，"把劳动产品表现为只是无差别人类劳动的凝结物的一般价值形式，通过自身的结构表明，它是商品世界的社会表现。因此，它清楚地告诉我们，在这个世界中，劳动的一般的人类的性质形成劳动的独特的社会的性质"。劳动的社会性质表明，人的社会性与人的自然性一样，也不是抽象的存在，而只是首先体现在商品的交换价值属性以及其所蕴含的人的抽象劳动之中。商品的交换，本质上是劳动的交换，劳动的交换便和劳动的生产一起构成了人的全部社会关系的基础。

在对"体现在商品中的劳动的二重性"的概括中，马克思写道："一切劳动，一方面是人类劳动力在生理学意义上的耗费。就相同的或抽象的人类劳动这个属性来说，它形成商品价值。一切劳动，另一方面是人类劳动力在特殊的有一定目的的形式上的耗费。就具体的有用的劳动这个属性来说，它生产使用价值。"商品的使用价值和交换价值的二重性，归根本源于劳动作为具体劳动和抽象劳动的二重性。这种劳动的二重性所蕴含着的人与自然的关系和人与人的关系，则深刻地表明了人的二重性——人的自然的社会性和人的社会的自然性。人的自然性与社会性在劳动的二重性中的统一，为破解现实的历史的秘密奠定了现实和感性的基础。

同样值得我们思考的是，马克思破解秘密的现实基础既然是劳动，却为何马克思的作为出发点的直接对象不是劳动，而是由劳动创造的商品？马克思认为，只有从对具体的经济范畴即商品进行分析出发才能理解全部的历史，才能真实地展现物和物的关系掩盖下的人和人的关系，毕竟商品在生活中体现着其具体性和现实性，这深刻地体现了马克思的存在论、认识论和逻辑学相统一的历史唯物主义体系的理论自觉。构成《资本论》的经济范畴及其逻辑体系，也是马克思自觉地以思维的规定把握现实的规定的产物，离开这种思维对现实的认识论的自觉，就不可能真正地理解和把握《资本论》的逻辑体系和存在论意义。《资本论》以思维的规定所把握的不是抽象的规定，而都是现实的规定，是在商品、货币、资本、地租、利润的"物和物"的关系中发掘出"人和人"的关系，而离开人们的现实生活过程，就根本不可能真正地理解商品、货币、资本、地租、利润这些经济范畴及其逻辑关系。这就是《资本论》所完成的历史唯物主义的存在论、认识论和逻辑学的统一，也是在这种意义下列宁才说存在作为"大写的逻辑"的《资本论》。因此，《资本论》不仅应被视为一本经济学著作，同时更应该作为一本哲学著作来对待。

商品具有的使用价值与交换价值的二重性告诉我们，作为制造使用价值的有目的的具体活动，劳动"是为了人类的需要而对自然物的占有，是人和自然之间的物质变换的一般条件，是人类生活的永恒的自然条件。因此，它不以人类生活的任何形式为转移，倒不如说，它为人类生活的一切社会形式所共有"。也就是说，创造使用价值的具体劳动在一切人类生活中都是必不可少的，是构成一切社会形式的自然条件；而与创造使用价值的具体劳动相反，形成交换价值的抽象劳动则体现着不同社会形式的差异，是构成各种不同的社会形式的基础。

商品交换要完成，必须是两个商品所有者彼此需要对方的商品，并且两种使用价值包含的劳动量又相等时才能实现。在现实中这种情况是极其偶然的，使得商品交换受到很大的限制，因此需要一种作为一般等价物的商品来打破这种限制。这时每个商品所有者都想把自己的商品当作一般等价物，所以实际上就没有一般等价物，这同样就是物物直接交换的矛盾。随着生产的繁荣，进入交换的商品数量和种类的不断增多，这种矛盾也日益突出，因此出现一个独立的价值形态及作为普遍认可的一般等价物的必要性也随之增加。正如马克思所说："毫不相干的个人之间的互相的和全面的依赖，构成他们的社会联系。这种社会联系表现在交换价值上，因为对于个人来说，只有通过交换价值，他自己的活动或产品才能成为他的活动或产品；他必须生产一般产品——具有交换价值，或本身孤立化的、个体化的交换价值，即货币。另一方面，个人行使支配别人的活动或支配社会财富的权力，就在于他是交换价值的或货币的所有者。他在衣袋里装着自己的社会权利和自己同社会的联系。"因此伴随着商品交换的发展的需要，物物交换的弊端越来越明显，而且物物交换的实现也越来越困难，货币的产生便不仅是必要的更是必需的。

对于货币，即作为货币的商品，并不是一般的商品，而是有特殊意义的商品，即固定地充当一般等价物的商品。货币的产生一方面使商品交换的矛盾得到了实际的解决：以货币为媒介的商品流通在形式和实质上都优越于直接的产品交换，克服了直接产品交换的困难，实现了买和卖分离，打破了直接进行产品交换的个人和地方的限制。另一方面交换的发展也促成货币的职能逐渐完备，货币作为商品流通的媒介取得了流通手段的职能，并在商品的流通发展中取得了支付手段的职能。

但是在货币成为流通手段的同时，也蕴含了一种可以预见的危险，货币构成了商品的使用价值与交换价值的二重性的外在冲突。商品是二重物，既是使用物又是价值承担者，而且只是由于具有这种二重的形式，即自然形式和价值形式，物品才表现为商品或具有商品的形式。而且商品只有作为人类劳动的表现才具有价值对象性，只有从商品的交换价值或交换关系出发，才能探索到隐藏在其中的商品价值，但是现在商品交换价值的实现必须需要一般等价物。因此，货币的出现及取得流通手段后便广泛取消了一般商品作为交换价值的流通职能，"等价形式同这种独特商品的自然形式社会地结合在一起，这种独特商品成了货币商品，或者执行货币的职能。在商品世界起一般等价物的作用就成了它特有的社会职能，从而成了它的社会独占权"。这种具有"特有的社会职能"，即"社会独占权"的特殊商品，也就是固定地充当一般等价物的特殊商品——货币，则直接构成了商品社会的最根本的秘密——商品拜物教的秘密。

商品拜物教的形成，根源在于劳动产品作为商品被分裂为有用物和价值物，从而使本来彼此独立进行的私人劳动也具有了二重的社会性质。"一方面，生产者的私人劳动必须作为一定的有用劳动来满足一定的社会需要；另一方面，只有在每一种特殊的有用的私人劳动可以同任何另一种有用的私人劳动相交换并且价值相等时，生产者的私人劳动才能满足生产者本人的多种需要"。因此，"在商品生产者的社会里，一般的社会生产关系是这样的：生产者把他们的产品当作商品，进而当作价值来对待，而且通过这种物的形式，把他们的私人劳动当作等同的人类劳动来发生关系"。在商品的交换的过程中，人们彼此只是作为商品的代表即商品占有者而存在。所以，这里的人不过是经济关系的人格化，而且作为这种关系的承担者而彼此对立着，商品社会中的这种经济关系，以商品与货币对立的方式而凸显出来。

商品"交换的不断重复使交换成为有规则的社会过程。因此，随着时间的推移，至少有一部分劳动产品必定是有意为了交换而生产的。从那时起，一方面，物满足直接需要的效用和物用于交换的效用的分离固定下来了，它们的使用价值同它们的交换价值分离开来。另一方面，它们互相交换的量的比例是由它们的生产本身决定的。习惯把它们作为价值量固定下来"。随着商品交换的不断发展，这种被固定的价值量"就只是固定在某些特殊种类的商品上，或者说结晶为货币形式"。因此，货币便与其他商品构成一种二元关系，即"其他一切商品只是货币的特殊等价物，而货币是它们的一般等价物"，"物的货币形式是物本身以外的东西，它只是隐藏在物后面的人的关系的表现形式"。货币的这种性质变革了原来社会生产中的方式，而导致了商品拜物教的形成，"人们自己的生产关系不受他们控制和不以他们有意识的个人活动为转移的物的形式，首先就是通过他们的劳动产品普遍采取商品形式这一点而表现出来。因此，货币拜物教的谜就是商品拜物教的谜，只不过变得明显了、耀眼了"。

货币使"商品在它的价值形态上蜕掉了它的自然形成的使用价值的一切痕迹，蜕掉了创造它的那种特殊有用劳动的一切痕迹，蜕化为无差别的人类劳动的同样的社会化身"，而且"从货币身上看不出它是由什么东西转化成的，所以，一切东西，不论是不是商品，都可以转化成货币，一切东西都可以买卖。流通成了巨大的社会蒸馏器，一切东西抛到里面去，再出来时都成为货币的结晶"，"正如商品的一切质的差别在货币上消灭了一样，货币作为激进的平均主义者把一切差别都消灭了"。这是作为一般等价物的货币的社会本质，也是货币拜物教的谜底，货币作为"可以成为任何人的私产的外界物"，它使社会权力成为私人的私有权力，对货币的支配同时也成为"每个个人行使支配别人的活动或支配社会财富的权力"。这同样表明，人们的普遍联系在这种普遍交换中被异化为物与物的关系。"在交换价值上，人的社会关系转化为物的社会关系；人的能力转化为物的能力"，这正是资本主义生产中现实的个人"以物的依赖性为基础的人的独立性"的存在方式。

正是通过对商品交换价值的实现方式所进行的历史分析，

马克思提出"人的依赖关系（起初完全是自然发生的），是最初的社会形式，在这种形式下，人的生产能力只是在狭小的范围内和孤立的地点上发展着。以物的依赖性为基础的人的独立性，是第二大形式，在这种形式下，才形成普遍的社会物质变换、全面的关系、多方面的需要以及全面的能力的体系。建立在个人全面发展和他们共同的、社会的生产能力成为从属于他们的社会财富这一基础上的自由个性，是第三个阶段。第二个阶段为第三个阶段创造条件"。正是基于对资本主义社会的根本经济范畴——商品——的价值实现方式的分析，马克思对于人的存在的历史形态所下的论断，就不仅仅是描述性地概括了人的存在的历史，而且更深层地揭示了人的存在状态：人的社会关系体现在物的社会关系之中，所以人的存在才是"以物的依赖性为基础的人的独立性"的存在。在马克思看来，这就是资本主义社会中人的真实处境，也就是其所经历的时代的人的真实存在状态。

正是在根据商品交换而对人的历史形态展开的阐述中，马克思提出了历史唯物主义对辩证法的理解。马克思写道："辩证法，在其合理形态上，引起资产阶级及其空论主义的代言人的恼怒和恐怖，因为辩证法在对现存事物的肯定的理解中同时包含对现存事物的否定的理解，即对现存事物的必然灭亡的理解；辩证法对每一种既成的形式都是从不断的运动中去理解的，因而也是从它的暂时性方面去理解的；辩证法不崇拜任何东西，按其本质来说，它是批判的和革命的。"这个批判的和革命的辩证法，并不是抽象的概念推演和逻辑思辨的辩证法，而是集中地体现在它深刻地揭示了资本主义社会以资本的逻辑为内容的"充满矛盾的运动"。因此马克思的辩证法是具体的辩证法，是根据社会现实和历史存在的历史唯物主义辩证法，所以它才具有了现实性的革命的力量。

马克思随后对经济范畴又进行了深入分析，指出了剩余价值生产的秘密所在，由于货币已经在与其他商品的比较中，作为一种特殊的价值形式而独立出来，货币作为资本的属性便显示出来了，并且在商品社会特别是资本主义社会中货币获得了其他商品所不可比拟的优越性。因此，马克思对经济范畴的分析将以对货币的分析为基础，获得对社会生产中广泛现象的理解。而且在此需要指出的是，货币首先也是一种商品，只不过这种商品的使用价值被其作为交换价值的一般等价物属性所遮蔽了，而且它还在流通中获得了作为资本的属性。

货币可以被区分为作为货币的货币与作为资本的货币，二者的区别首先表现在它们所具有的不同的流通形式。作为货币的货币流通的直接形式是W—G—W，商品转化为货币，货币再转化为商品，在商品市场中意味着为买而卖；而作为资本的货币的流通形式是G—W—G，货币转化为商品，商品再转化为货币，在商品市场中意味着为卖而买。只有以后一种方式流通的货币才能转化为资本，而且按它的使命来说，它已经是资本了，因为资本表现为一种价值增殖。只有在这种以商品为中介的流通中，货币才摆脱了消费需要的必然性的约束，获得了自由的命运，并使得增殖成为可能。作为货币的货币，即在流通过程中的"为买而卖"的货币并不能成为资本；只有流通过程中的"为卖而买"的货币才能成为资本，在这种区别中，资本也表现了自己的运动逻辑：以货币为起点和终点的运动逻辑。这个逻辑表明，以生产关系为基础的人与人之间的全部社会关系，已经被异化为物与物的关系。"它使人和人之间除了赤裸裸的利害关系以外，除了冷酷无情的'现金交易'以外，就再也没有任何别的联系了。"

作为货币的货币与作为资本的货币，它们以不同的流通形式导致了两种流通产生了不同的结果。比如在W—G—W循环中，开始于一种商品，终止于另一种商品，但后者随之退出流通，转入消费，这个循环系统也就结束了。因此，这一循环的最终目的是消费，是满足消费的需要，也就是说流通的目的是为了获取使用价值。而G—W—G循环是起始于货币并终止于货币的循环系统，因此，这一循环的动机和决定目的是交换价值本身。也就是说，在W—G—W的循环中，货币只是作为一种中介，而目的则是商品本身以满足需要的使用价值，于是消费构成了这个循环的根据；而在G—W—G的循环中，作为中介的变成了商品，而目的则是货币本身，即并非直接满足人的某种消费需要的交换价值，于是作为等价物的货币构成了这个循环的根据。这里便凸显了资本的特殊的运动逻辑，即以货币为动机和目的的运动逻辑，在这里货币自身成为了目的，商品（货币）拜物教已经成为统治人的具有统治地位的意识形态，这种拜物教不仅造成了人的社会关系的异化，而且造成了人的生活意义的异化。

作为货币的货币和作为资本的货币，在流通形式中所隐含的动机和目的的不同，以及作为资本的货币的流通的特殊性表明，在G—W—G的流通形式中，作为循环起点的货币与作为循环终点的货币，并不是等量的货币，而具有一定的差额。在W—G—W的流通形式中，以出卖一种商品所得到的货币，只是用来购买另一种需要的商品，两种商品的价值量是相等的。不过其使用价值是不同质的，这是"社会劳动的不同物质的交换"，也正是人们通常所理解的商品交换。但在G—W—G的运动中，却似乎是"无内容"或"同义反复"的，因为运动的起点和终点都是货币，"一个货币额和另一个货币额只能有量的区别，因此，G—W—G过程所以有内容，不是因为两极有质的区别（二者都是货币），而只是因为它们有量的不同。最后从流通中取出的货币，多于起初投入的货币"。所以作为资本的货币的流通公式就不是G—W—G，而应该是G—W—G′，是为了贵卖而买。这不仅是商人资本的形式，而且是产业资本的运动形式。因此，G—W—G′事实上也是直接在流通领域内表现出来的资本的总公式。这个总公式表明，以货币为起点和终点的流通形式，是"每个价值增殖过程的起点和终点"，而价值增殖，则构成了资本的运动逻辑。作为资本的货币的流通本身就是目的，因为资本只有在这个不断更新的运动中才有价值的增殖。因此，资本的运动是没有限度的，以"价值增殖"为动机和目的而进行的没有止境和没有限度的资本运动，就是资本自身运动的逻辑，而对于价值增殖的来源问题便于是构成了理解资本主义生产的关键所在。

这个问题也就是，在流通的过程中货币如何才能成为增殖的货币？对此，马克思指出，"资本不能从流通中产生，又不能不从流通中产生，它必须既在流通中又不在流通中产生"。这个辩证命题所要说的是：在价值增殖的资本运动中，"要转化为资本的货币的价值变化，不可能发生在这个货币本身上"，"这种变化必定发生在第一个行为G—W中所购买的商品上"。也就是说，在资本的增殖运动中，"货币占有者就必须幸运地在流通领域内即在市场上发现这样一种商品，它的使用价值本身具有成为价值源泉的独特属性。因此，它的实际消费本身就是劳动的对象化。货币占有者在市场上找到了这样一种独特的商品，这就是劳动能力或劳动力"。资本家并不购买工人的劳动，劳动并不具有商品属性，如果他能购买的话，工人便丧失了自身的自由而变回奴隶的状态，资本家购买的是劳动力，也就是工人生产商品和劳动的能力。雇佣工人在生产过程中，只是用一部分时间便创造出了本身劳动力的价值即资本家支付给工人的工资，而资本家却强迫工人延长劳动时间。在这个时间里，工人创造出了超过本人劳动力价值以上的价值，即剩余价值，也就是在资本运动过程中价值增殖的部分。马克思的剩余价值理论，揭示了资本主义剥削的秘密。剩余价值理论的创立也是《资本论》这本著作的划时代的功绩。因为剩余价值的生产是资本主义经济制度这座社会大厦的最深层的根基，整个大厦就是在它的基础上建立起来的，剩余价值生产是资本主义生产关系体系得以维持和发展的关键。有了价值理论和剩余价值理论，也就为揭示资本主义经济制度的内在结构和经济运动规律奠定了坚实的基础。

在剩余价值的生产中，又可以区分出绝对剩余价值和相对剩余价值。（1）工人的劳动日是劳动时间和剩余劳动时间的总和。必要劳动时间不变，通过延长工作日，通过增加剩余劳动时间而生产的剩余价值，就是绝对剩余价值。马克思指出："资本主义生产——实质上就是剩余价值的生产，就是剩余劳动的吸取。通过延长工作日，不仅使人的劳动力由于被夺去了道德上和身体上的正常发展有活动的条件而处于萎缩状态，而且使劳动力本身未老先衰和死亡，它靠缩短工人的寿命，在一定期限内延长工人的生产时间。"（2）资本主义生产发展经历了简单协作、工场手工业和机器大工业三个阶段，提高了劳动生产率，扩大了相对剩余价值生产。马克思指出："像其他一切发展劳动生产力的方式一样，机器是要使商品便宜，是要缩短工人为自己所费的工作日部分，以便延长他无偿地给予资本家的工作日部分。机器是生产剩余价值的手段。"

剩余价值生产的分析，揭示了资本主义生产的本质和资本家对工人剥削的秘密。在这里，剩余价值是生产的根本目的和决定性动机，也同时揭示了资本主义社会的基本分配关系：工人获得本人劳动力的价值，而剩余劳动时间创造的剩余价值归资本家无偿占有。在这个基础上，也揭示了资本主义社会中的基本阶级关系，资产阶级和雇佣劳动者阶级，以及两大阶级之间的对立。正是通过对劳动力这一独特的商品的全面考察与分析，马克思揭示了资本运动的现实基础——剩余价值的生产。这一现实基础表明："资本主义的生产方式和积累方式，是以那种以自己的劳动为基础的私有制的消灭为前提的，也就是说，是以劳动者的被剥夺为前提的。"剩余价值的生产内属于资本主义的本质，因此，当这种不平等和不合理被揭示出来的时候，随着工人阶级阶级意识的不断觉醒，马克思认为这种生产方式以及其所伴随的社会形态在历史发展中将不可避免地被超越。

至此《资本论》便揭示了物和物的关系掩盖下的人和人的关系，关于资本，马克思谈到"资本是集体的产物，它只有通过社会许多成员的共同活动，而且归根到底只有通过社会全体成员的共同活动，才能运动起来"，"因此，资本不是一种个人力量，而是一种社会力量"，"把资本变为公共的、属于社会全体成员的财产，这并不是把个人财产变为社会财产，这里所改变的只是财产的社会性质"。把资本的独立性和个性变为每个人的独立性和个性，资本的社会化进程也意味着"每个人的自由发展"作为"一切人的自由发展的条件"成为可能，这是马克思立足于现实的生产关系的分析所阐发的结论，也是马克思的资本主义批判的基本结论。

对现实的描述过程便成了揭露资本运动的逻辑的过程，并构成马克思对资本主义的批判，使得《资本论》的意义得以彰显。但是，马克思之所以创作《资本论》的动机和目的，却并不仅仅在于对现实的描述，而是为了通过对现实的描述发现现实的不合理之处，揭示出人类解放和全面发展的现实道路。因此，离开《资本论》所揭示的资本运动的逻辑，就既不可能真正理解马克思的关于现实的人的认识，也不可能真正理解马克思关于人类解放的学说。

在《资本论》中，人的自然性与社会性的二重性，在商品交换中体现为使用价值与交换价值的二重性，并在人的物质实践过程中，体现为创造使用价值具体劳动和构成交换价值的抽象劳动，也就是劳动的二重性。"就劳动过程只是人和自然之间的单纯过程来说，劳动过程的简单要素对于这个过程的一切社会发展形式来说都是共同的。但劳动过程的每个一定的历史形式，都会进一步发展这个过程的物质基础和社会形式。这个一定的历史形式达到一定的成熟阶段就会被抛弃，并让位给较高级的形式"。也就是"生产关系的一定的历史形式"与"生产能力及其要素的发展"总是处于矛盾之中，在一般的理解中理解为生产关系和生产力之间的矛盾，这两者之间总是会出现彼此间的不协调。当它们之间的矛盾和对立扩大和加深时，就不可避免地会发生冲突，正如马克思所说："人们在自己生活的社会生产中发生一定的、必然的、不以他们的意志为转移的关系，即同他们的物质生产力的一定发展阶段相适合的生产关系。这些生产关系的总和构成社会的经济结构，即有法律的和政治的上层建筑竖立其上并有一定的社会意识形式与之相适应的现实基础。物质生活的生产方式制约着整个社会生活、政治生活和精神生活的过程。不是人们的意识决定人们的存在，相反，是人们的社会存在决定人们的意识。社会的物质生产力发展到一定阶段，便同它们一直在其中运动的现存生产关系或财产关系（这只是生产关系的法律用语）发生矛盾。于是这些关系便由生产力的发展形式变成生产力的桎梏。那时社会革命的时代就到来了。随着经济基础的变更，全部庞大的上层建筑也或慢或快地发生变革。"

马克思深入探讨了资本主义社会得以维系的经济基础，同样也在历史的视野中看到了资本主义的生产关系曾极大地推动了生产力的发展，并肯定了它在历史中出现的合理性以及其继续发展的可能性，"我们判断一个人不能以他对自己的看法为根据，同样，我们判断这样一个变革时代也不能以它的意识为根据；相反，这个意识必须从物质生活的矛盾中，从社会生产力和生产关系之间的现存冲突中去解释。无论哪一个社会形态，在它所能容纳的全部生产力发挥出来以前，是绝不会灭亡的；而新的更高的生产关系，在它的物质存在条件在旧社会的胎胞里成熟以前，是绝不会出现的。所以人类始终只提出自己能够解决的任务，因为只要仔细考察就可以发现，任务本身，只有在解决它的物质条件已经存在或者至少是在生成过程中的时候，才会产生"。

不过马克思也指出了资本主义生产关系的局限性，其在生产力发展过程中会转向反面而阻碍生产力的发展，以及隐藏在这种生产关系下的不合理的成分，资本家对工人所生产的剩余价值的占有，也必然随着工人阶级的意识觉醒而告终，资本主义的生产关系便在自身中预示着自己的灭亡，"资产阶级的生产关系是社会生产过程的最后一个对抗形式，这里所说的对抗，不是指个人的对抗，而是指从个人的社会生活条件中生长出来的对抗。但是，在资产阶级社会的胎胞里发展的生产力，同时又创造着解决这种对抗的物质条件。因此，人类社会的史前时期就以这种社会形态而告终"。

正是根源于对社会基础理论的理解，即关于物质实践、异化劳动及其扬弃，以及对现实的工人的社会生产的经济范畴的理解中，马克思发现了作为人类社会历史的根源对社会历史的发展有着广泛的奠基作用。马克思据此揭示了人类历史的发展规律，特别是其自身身处的资本主义社会的发展规律，指出了资本主义必然被超越，从而构成马克思的人类解放学说和共产主义理论的真实内容。资本运动的逻辑，而且也是作为生产要素创造文明的逻辑，一切具体的社会形式无疑奠基在现实的个人以及有这些个人联合而成的社会共同体中，我们已经对现实的个人的存在状态有了一定的了解，即具体的物质实践构成了这些人的真实本质，并且在物质实践的过程中劳动会走向异化并最终被扬弃的道路。在揭示了社会基础理论之后，我们有必要对历史唯物主义中被标示为上层建筑的生产关系的发展、资本主义理论和社会主义理论进行进一步的探讨。

第四章　社会历史发展理论

第一节　　生产关系理论

　　"任何人类历史的第一个前提无疑是有生命的个人的存在。因此，第一个需要确定的具体事实是这些人的肉体组织，以及受肉体组织制约的他们与自然界的关系。"这里的人是有意识、有理性从事物质实践的现实的个人。人在物质实践和劳动的过程中不断地反思自我，在人与自然的关系中，把自己与自然界分离开来，运用生产工具进行改造世界的活动，获取生活资料，以实现自我生命的保持和延续。但是人作为自然的一部分，与自然不是完全割裂的，人对自然进行对象化过程同时也是确证自身的过程。因此，人不仅需要保持生命，而且要追求自由和发展，在一定的历史条件下，这些要求又总是受到自然界和自身局限性的限制。伴随着生产的发展和自我意识不断觉醒的历史进程，人在不断地认识和改造自然中，必然会追求得到更大的自由。因此，个体的人在历史发展中对于自我保持、自由和发展的要求形成了人的自然属性。马克思认为，个体的人并不能孤立地保持自身和实现自由和发展，只有通过和其他个体联合起来才能克服自身的局限性。也就是"为了进行生产，人们便发生一定的联系和关系。只有在这些社会联系和社会关系的范围内，才会有他们对自然的关系，才会有生产"。这也就是说，在社会中，个人并不能孤立地进行生产，而必须与其他个体联合起来才能进行生产。因此，生产都是社会性的生产，而在这种联合的生产中社会就建立了广泛的生产关系。

所谓生产力是指人通过改造自然获取满足各种需要的生活资料的能力，这是与个体的自然属性相应的，一般说来，生产力的基本构成要素包括具有生产经验和劳动技能的劳动者、劳动对象和以生产工具为主的劳动资料。在单独考虑生产力时，生产力的发展不外乎来源于劳动者对于自我保持、自由和发展的无止境的追求或者在生产过程中技术的更新、生产工具的改进等。不过正如前文所说，人处在社会之中，人的任何生产都必然是社会性生产，在社会性生产中人与他人之间形成了广泛的生产关系，而且使得分工和协作成为必然。

在对生产关系的考察中，一般包括生产资料的所有制形式、在生产中社会各集团的地位和相互间的关系以及社会生产的产品的分配形式。其中生产资料的所有制形式对于判定社会形态，以及生产关系的类别具有基础性的意义。因此，马克思认为在私有制为主体的社会形式里，生产资料的所有者和无产者在生产关系中形成了一种对立，双方都表现为所属阶级的阶级性并形成了阶级间的对立。

由生产力所产生的人的自然属性和由生产关系所形成的社会属性，两者其实是对人的存在状态的不同视角的关注，两者并不是割裂的。两者的关系便是共性与个性之间的关系，既没有脱离个性的共性，也没有脱离共性的个性。人作为现实的从事物质实践活动的个人，他的本质便在于其在社会生产中的社会关系的总和，因此自然性和社会性作为人的规定的不同方面，都内蕴于人的现实存在之中。故而，生产力和生产关系之间的关系也是对人的社会性生产的关系。

当我们考察生产力和生产关系时，我们需要看到社会生产力所具有的基础地位，不过也要看到生产关系的基础地位。对于两者的关系，我们并不能过分强调生产力对生产关系的决定作用，也不能认为生产关系脱离生产力，而是应该看到，马克思对两者的关系所强调的是生产关系要适合生产力的发展，这也是历史唯物主义的基本要求。社会性生产具有自我调节的机制，它调节着生产关系和生产力的关系，在生产关系符合促进生产力的条件时，才能使生产力实现进一步的发展和实现。

首先，生产关系要适应生产力发展的基本动因，即适应劳动者对自我保持和自由发展的追求，这样才能促进生产力的发展。社会性生产归根到底是建立在社会中的现实的个人的物质实践和劳动生产之上的。因此，社会作为众多现实的个人的联合体，是每个现实的个人渴望实现自我对自由幸福的追求而联合起来的。可以说，在人们最初的联合中，人们不是为了社会而生产，而是为了自我的生产实现才联合成为社会。在社会生产中，劳动者通过联合的方式来实现自我，为了能够交换到自己需要的产品而使自己的产品符合社会的需要，并在这种生产力不断提高的实现中推动着社会的进步。可以说，人类社会的进步过程，在一定阶段便是现实的个人自我实现的过程。其次，生产关系的形式应适合生产力的现有水平和发展的要求。就像马克思所说的"手推磨产生的是封建主为首的社会，蒸汽磨产生的是工业资本家为首的社会"，生产力的进一步发展被看成生产关系所实现的分工和协作对其的促进作用。这时生产关系被看成了体现生产者的自我性与对生产力的发展水平的适应性的统一。在这个阶段，人的主体性的自我意识还没有完全觉醒，人还是把他人和社会看成外在于自己的，社会的进步与自我实现的进步往往表现为一种偶然性。这时，对于生产力而言，生产关系不过是借以实现自己需要的手段，而自身并不构成目的，人的类意识还没有觉醒。

在人类发展史上，伴随着社会生产力的提高，生产资料积聚于一部分人手里是不可避免的。这时生产资料私有制的社会形式得以建立，生产资料的所有者和无产者则成为两个对立的阶级，因此此时的生产关系表现为阶级关系。阶级是一个历史范畴，在人类最初的社会组织形式里并不存在，而只是生产力发展到一定阶段随着私有制的产生而产生的。在原始社会阶段，生产力水平极低，生产只能够维持部落的人的需要，而没有剩余产品，生产资料是共有的，因而也就不可能产生阶级。不过到了原始社会末期，经验的积累和工具的革新加快了生产力的发展，开始出现了剩余产品。随着生产力进一步的发展，社会分工和产品交换的扩大，出现了财产的私人占有，一部分人就利用自己占有的生产资料，使自己在生产和分配中处于支配地位。有产者和无产者便形成了两个对立的阶级，阶级斗争便是不可避免的了，正是因为这样，马克思才说，以往的一切历史都不过是阶级斗争的历史。不过我们看到，阶级的产生在历史上曾经标示着历史的进步，而且这种集中化的生产方式也促进了生产力的进一步发展。只不过阶级使得一部分人与另外绝大部分人处于对立状态，这时阶级之间的矛盾表现为阶级斗争，可以说这是人的类意识还没有真正觉醒或者说人的类本质被异化了，对于一个阶级而言，另一个阶级只是作为斗争的对象和敌人而出现的。

在历史上阶级斗争有两种表现形式，一种是生产关系还没有丧失其历史进步性的情况下，统治者通过调整生产关系而缓和斗争；另一种是生产关系的历史进步性已经消失，阻碍了生产力的进一步发展，而必须转变生产关系时，代表新的生产关系的阶级就会展开反对旧的腐朽阶级的斗争。因此，在马克思看来，人类的历史作为阶级斗争的历史不过是一种生产关系或者进行自身调整、或者被取代的过程。而这种阶级关系根源于生产资料的私有制，由于一些人对生产资料的占有进而形成了对无产者劳动产品的占有，更深刻地体现为生产力和生产关系所蕴含的矛盾之中。在阶级社会，生产力和生产关系往往被忽略了其内有的价值属性，而仅仅被看成实现发展的手段。在这种社会形态下，人只是异化了的人，而且人所具有的类本质也被遮蔽了，生产关系所体现的人的社会性也往往被遮蔽了，他们看不到，作为主体的现实的人只有与其他主体在共同发展中，才能完成类本质的复归，达到自我的真正实现。

人体解剖对于猴体解剖是一把钥匙，资本主义社会在当时代表着最先进的社会形势结构和生产关系，同样可以把它看成是马克思用以认识人类历史发展的钥匙。作为私有制发展的最高阶段同时也是最后阶段，资本主义社会更深刻地体现了生产力和生产关系的内在矛盾，以及生产力和生产关系的对立的最高形式。因此，我们需要了解马克思对资本主义社会的认识。

第二节 资本主义理论

不同于其他的理论家，马克思、恩格斯不是关在书斋中不问世事的学者，他们首先是一个革命家，其次才是一个理论家。他们的理论也不是书斋中的学问，而是始终面向现实生活，即从现实生活出发来研究现实生活，并以这种研究来直接服务于他们所参与的无产阶级解放事业。物质实践这个概念主要形成于马克思、恩格斯的政治经济学研究。在政治经济学研究中，马克思、恩格斯从根本上面对的是一种什么社会形态下的经济现象或事实？那就是资本主义社会形态。在前面的章节中，我们已经初步分析了马克思对社会建构，尤其是对资本主义社会建构的基础性范畴的认识。正是在对资本主义社会人的存在状态中，马克思提出了一个"物质实践"的基本概念或范畴，并对物质实践进行了积极思考和深入探索，并在《资本论》中，最终将其确立在经济生产领域即对商品的形成的考察上，而且通过对"物质实践"即劳动的二重性的分析，发现了剩余价值理论，揭露了资本家剥削工人的秘密。

在《关于费尔巴哈的提纲》中，马克思在批判旧哲学的基础上，把自己的哲学奠定在实践的观点之上，即形成了实践观的思维方式。在《德意志意识形态》与《共产党宣言》中，马克思在批判传统哲学本体论思维方式的基础上，运用这种新的思维方式即实践观的思维方式，去反思与考察世界历史，建构了自成体系的世界历史理论，并创立了历史唯物主义理论，把自己的理论奠基在物质实践之上。从实质上说，实践观的思维方式是相对于传统本体论思维方式而言的，其根本特点在于它面向的是人生活在其中的现实世界，面向的是具体的社会生活中从事物质实践的现实的个人，以及这些个人在主体的生产和实践中与他人形成了广泛的社会关系。

马克思对世界历史的反思与考察，始终是从实践观的思维方式出发的。他批判地改造了德国古典哲学家黑格尔历史唯心主义的世界历史思想，不再以抽象的理性概念为历史的前提，也不再以抽象的自由精神发展为世界历史发展核心，而是以物质实践作为历史的基础，以现实的从事实践活动的个人的解放和全面发展为世界历史发展的核心。马克思对世界历史发展过程的分析，是以历史主体即现实的个人创造性的物质实践活动为内容；对世界历史中的人的解放和发展的，则是基于对现实社会的批判认识和对历史发展的合理性上；对资本主义生产中人的异化、资产阶级对无产阶级的剥削也是基于资本主义生产实践的现实性而进行了现实的批判；对世界历史的未来趋势，则根源于劳动异化的积极扬弃与生产实践的自我完善，并由此揭示了世界历史走向共产主义的必然性。因此马克思的世界历史理论是奠基在现实的人的存在和发展之上的。

在《德意志意识形态》与《共产党宣言》中，马克思和恩格斯根据他们所经历的现实性去思考和看待资本主义的问题。也就是，他们肯定了资本主义生产方式对传统的生产方式的巨大超越，并根据资本主义的社会生产方式来解释现代世界社会的基本结构，并以无产阶级反对资产阶级的革命的必然性来说明资本主义终结的必然性。资本主义社会生产关系内在矛盾在自身内部并无法被克服，并且会随着社会生产的进一步扩大变得尖锐起来。因此，马克思强调，虽然资本主义有较之以往更为强大的社会生产力，但是依然会灭亡于自己的内部矛盾中。在《资本论》等后期著作中，马克思将对资本主义社会生产的矛盾的视角限定在了经济生产的领域，从商品的二重性、劳动的二重性以及剩余价值的理论中，发现了资本主义生产的秘密和隐藏在生产中的局限性。资本主义生产本身的局限性并无法容纳由它开启世界性的生产方式，因此世界现代化运动将会否定资本主义自身，而走向共产主义。

马克思和恩格斯主要探讨了资本主义作为世界性的生产方式的前提条件、主要动力、过程特征及发展规律等方面的内容。

首先，资本主义产生和发展的基本前提是生产力、分工与交往的发展程度。马克思对资本主义的产生，不是从观念与精神出发，而是从现实的物质实践出发的。早在《德意志意识形态》里，马克思、恩格斯指出："各民族之间的相互关系取决于每一个民族的生产力、分工和内部交往的发展程度。这个原理是公认的。然而不仅一个民族与其他民族的关系，而且这个民族本身的整个内部结构取决于自己的生产以及自己内部和外部的交往的发展程度。"我们应该看到，在人类历史的初期，生产力水平尚不发达，人类认识和改造自然的能力也很低，人类生产活动和交往受自然环境的限制，被束缚在群体所生活的狭隘的地域以内，各民族之间的交往也很少，这就是马克思所称的前资本主义社会时代。直到十七、十八世纪，以蒸汽机的发明与使用为标志的工业革命的兴起，使得西欧一些资本主义国家生产力得到迅速发展，并产生了机器大工业和工厂，发展的社会生产力需要更丰富的原材料和更广大的市场，这时的社会生产力也已经发展到能够突破区域性民族历史的程度，开辟了生产的世界化的道路，而"一个民族的生产力的发展水平，最明显地表现于该民族分工的发展程度"。每一次社会大分工都促进了社会生产力的极大发展，随着第一次工业革命时期社会分工空前扩大，资本主义生产关系得以确立，资本主义生产关系从而陷入了对生产力的追逐之中，人也逐渐丧失了独立性，退化成了提高生产力的工具。

从历史的发展来看，资本主义制度和其他社会制度一样，不仅继承了以往社会所创造的生产力，而且在继承的基础上又极大地推动了社会生产力的发展。资本主义的商品生产和竞争促进了生产力的迅速发展。马克思和恩格斯指出："资产阶级在它的不到一百年的阶级统治中所创造的生产力，比过去一切世代创造的全部生产力还要多，还要大。"这是因为"价值是由劳动时间决定的这个规律，既会使采用新方法的资本家感觉到，他必须低于商品的社会价值来出售自己的商品，又会作为竞争的强制规律，迫使他的竞争者也采用新的生产方式。"由于资本主义生产的目的是为资本家追求剩余价值，因此，"提高劳动生产力来使商品便宜，并通过商品便宜来使工人本身便宜，是资本的内在的冲动和经常的趋势"。

资本主义的社会化生产也为创造新的生产力和广泛应用自然力和科学技术开辟了道路。在早期的手工业和工场手工业生产中，生产者隶属于专一的生产部门，每一个这样的特殊的生产部门都是通过经验积累和范围有限的传承来延续自己的技术秘诀和维持数量有限的生产者，劳动工具的改进也是十分缓慢的。资本主义的社会化大生产改变了这一切。正是在大规模协作生产的前提下，劳动的分工和结合才能组织起来，生产资料才能由于大规模积聚而得到节约，适于共同使用的劳动资料，如机器体系等才得以产生。"只是在大工业中，人才学会让自己过去的、已经对象化的劳动的产品大规模地、像自然力那样无偿地发生作用"。

在资本主义社会，物质财富和资本才是一切，人只有在物质财富和资本面前才能表征出自己存在的意义，物质财富和资本由此成了衡量社会万物包括人的实际尺度。因此，人不可避免地被物化了，人在这样的过程中被异化成了一种手段，物却成了社会生产的目的。所以，资本主义社会的一切，包括政治斗争都是围绕着如何才能最大限度地创造物质财富、获取经济利益而展开的，物质实践在社会生活中处于决定和支配一切的地位。在这样的历史条件下，作为历史唯物主义的出发点的现实的个人，在现实中表征为处于资本主义社会关系中的现实的个人，而这种现实的个人正是马克思的历史唯物主义得以确立的真实的基础。这主要表现在：（1）马克思、恩格斯毕生所从事的是人类的解放事业，他们关注于当下人的现实的生存状态，而这些当下的人是生活于资本主义社会之中的。因此，他们关注的现实，不外是资本主义社会的现实，而且他们关注的当下人的现实的生存状态，就是资本主义社会中人的现实的生存状态。（2）现实的个人是从事物质实践的，与物质实践不可分离，物质实践表征为这种现实的个人的本质，而物质实践最充分、最突出的表现，为资本主义社会社会生产中的经济生产和劳动，因而这种现实的个人必然不能脱离开资本主义社会，会与资本主义社会具有一种本质上的联系。不过，这种现实的个人在资本主义社会却被普遍弱化了，并且人的异化以资本主义生产的方式达到了前所未有的程度，正如马克思所说，在资本主义社会，"物的世界的增值同人的世界的贬值成正比"。

其次，资本主义社会发展的基本动力在于资产阶级的内在需求与资本主义社会生产的基本矛盾。在《共产党宣言》中，马克思和恩格斯就已经揭示了资产阶级的本质需求就在于对利润（剩余价值）的无限占有。在马克思和恩格斯之前，古典政治经济学家们发现了商品价值可以区分为使用价值和交换价值，而且也认识到了劳动是价值的尺度。但是他们并不知道价值是如何形成的，更不知道什么样的劳动才能形成价值。而马克思则将劳动区分为具体劳动和抽象劳动，确定了价值只是劳动的凝固，而且第一次回答了什么样的劳动形成价值，为什么形成价值以及怎样形成价值的问题；并且通过对商品二重性的分析，马克思还发现了商品使用价值和交换价值在社会发展中如何造成了商品和货币的对立，货币如何成为资本并在社会生产中产生剩余价值。古典经济学家们也发现了剩余价值存在的事实，不过，他们或者把剩余价值理解为劳动创造的价值大于劳动的价值，或者把剩余价值归为生产资料和机器的使用。而马克思则发现，虽然劳动作为创造价值的活动，不过在资本流通的过程中，资本家向工人购买的可以作为商品买卖的，不是劳动，而是劳动力。正是以劳动力商品的买卖为基础，劳动力在生产的过程中不仅生产自身的价值，而在多余的时间中生产出超过自身价值的部分即剩余价值，而且马克思在《资本论》等著作中揭示了劳动的二重化作为剩余价值生产的根源，对剩余价值的强烈的占有欲使得人与人之间的一切关系都变成了赤裸裸的利益关系，把人的尊严物化在了单纯的交换价值之上。

马克思指出，剩余价值的生产只是完成了资本主义生产过程的第一步，紧接着是要卖掉包含有剩余价值的商品。对于单个资本家，他或许可以比较轻松地卖掉自己的商品，但是对于资本家整体，问题就不那么简单。这是因为，由于资本家对剩余价值强烈的占有欲导致的社会生产的一步步扩大，致使供给量往往大于需求量，二者不能相抵。

因此资本家为了更好地占有剩余价值，必须"对生产工具，从而对生产关系，从而对全部社会关系不断地进行革命，否则就不能生存下去"；必须"不断扩大产品销路"，"到处落户、到处开发、到处建立联系"，从而开拓世界市场；"迫使一切民族——如果它们不想灭亡的话——采用资产阶级的生产方式；它迫使它们在自己那里推行所谓的文明，即变成资产者。一句话，它按照自己的面貌为自己创造出一个世界"。由此可见，资产阶级的内在需求却构成了资本主义世界化的内在动力，不过其最终还是根源于资本主义生产力与生产关系、无产阶级与资产阶级的矛盾。

此外，由于在资本主义制度下，生产只是为资本而生产，而不是为了满足人民群众日益增长的需要。因此，一旦追加的生产不能带来利润或只能带来微薄的利润，资本主义生产就会停顿，从而就会出现资本过剩、商品过剩和人口过剩。这时，对于失业的有劳动能力的那部分人来说，生产资料不是生产得太多了，而是生产得很不够。

不是财富生产得太多了，而是资本主义的、对立的形式上的财富，周期地生产得太多了，这就是资本主义社会周期性的经济危机。也就是说，由于资本主义生产关系无法适应机器大工业所创造的生产力，激化了生产力与生产关系的矛盾，致使周期性经济危机不断爆发。正如马克思、恩格斯在《共产党宣言》所说："资产阶级的生产关系和交换关系，资产阶级的所有制关系，这个曾经仿佛用法术制造了如此庞大的生产资料和交换手段的现代资产阶级社会，现在像一个魔法师一样不能再支配自己用法术呼唤出来的魔鬼了。几十年来的工业和商业的历史，只不过是现代生产力反抗现代生产关系、反抗作为资产阶级及其统治的存在条件的所有制关系的历史。只要指出在周期性的重复中越来越危及整个资产阶级社会存在的商业危机就够了。"而且资本主义商业危机使得工人的工作无法得到保障，加剧了工人日益恶化的处境。为了缓和国内日益激化的阶级矛盾，资产阶级一方面被迫减轻对工人的压迫，另一方面极力开拓世界市场，以攫取新的利润。这就表明，阶级矛盾的激化是资产阶级为缓和国内政治危机而开创世界历史的基本动力。

再次，资本主义市场的扩张即世界化的进程同样也是历史向世界历史的转变过程。马克思、恩格斯以现实的从事物质实践活动的人为出发点，系统地反思了这一过程及其基本特征。在人与自然关系层面，马克思、恩格斯侧重从资本主义社会对世界历史的开创去说明历史向世界历史的转变。显然，前资本主义社会的科技与生产力水平是并不足以突破限制地域间交往的自然隔阂，而在此基础上，导致的只能是地域的封闭性和局限性。直到资本主义时代"产生了大工业——把自然力用于工业目的，采用机器生产以及实行最广泛的分工"，使生产力扩大到一定程度，创造了交通工具和现代的世界市场，人类才可以不再受制于地理阻隔，而在世界范围内实现相互交往。因此，资本主义的社会生产"首次开创了世界历史，因为它使每个文明国家以及这些国家中的每一个人的需要都依赖于整个世界，因为它消灭了各国以往自然形成的闭关自守状态"。所以在世界历史的开创阶段，资产阶级作为资本的追逐者充当了开创世界历史的主体。

随着资本主义生产的扩大和积累的发展，新的积累形式——集中也发展起来了。"假如必须等待积累使某些单个资本增长到能够修建铁路的程度，那么恐怕直到今天世界上还没有铁路。但是，集中通过股份公司转瞬之间就把这件事完成了"。在这种集中的作用下，劳动过程的规模不断扩大，协作形式日益发展，土地日益被有计划和高效地利用，科学技术日益被自觉地应用于生产活动，自然力日益被广泛地加以应用，新的生产力不断被创造出来，生产管理日益精细化，各国人民日益被卷入资本主义统治下的世界市场之中。但是马克思同时指出"如果说资本主义生产方式是发展物质生产力并且创造同这种生产力相适应的世界市场的历史手段，那么，这种生产方式同时也是它的这个历史任务和同它相适应的社会生产关系之间的经常的矛盾"。

马克思通过资产阶级对世界历史的开创揭示了人的物质实践活动的创造性。在人与社会的关系层面，随着资产阶级对世界历史的开创，过去处在自给自足和闭关自守状态的地方与民族，被各民族间的互相往来和基于社会生产的相互依赖关系所代替。资本主义开创的世界历史同样是文明世界化的过程，不过在这一过程中，"未开化和半开化的国家从属于文明的国家，使农民的民族从属于资产阶级的民族，使东方从属于西方"。因此，资本主义世界化不单单是人类对自然的征服与改造，同时也是对传统社会结构的改造与革新。资本主义经济关系世界化进一步导致了世界各国社会结构的一体化，促使世界无产阶级的日益壮大并走向联合。马克思在肯定资本主义对世界历史形成的巨大作用的同时，也发现了其内在本性与矛盾同世界历史的本性和进一步发展是格格不入的。资本主义在世界历史形成的过程中，所充当的只是历史不自觉的工具，它只是为了追求利益的最大化，而不是为了建构世界历史，因而它不可能真正完成世界历史。世界历史的完成需要一种新的生产关系，这个任务就历史性地落到了广大的无产阶级肩上。无产阶级由于其自身的本性而具有革命性、先进性与世界历史性，作为资本主义的掘墓人，必定要取代资产阶级而成为世界历史的主体，也是世界历史的真正主体。无产阶级通过共产主义革命埋葬资本主义制度的同时也使人类进入了世界历史。

同时，马克思和恩格斯从现实的个人发展角度去考察了人与自身的关系的转变。马克思把现实的个人的生存发展作为世界历史的核心。马克思、恩格斯指出："单个人随着自己的活动扩大为世界历史性的活动，越来越受到对他们来说是异己的力量的支配，受到日益扩大的、归根到底表现为世界市场的力量的支配，这种情况在迄今为止的历史中当然也是经验事实。"因此，随着资本主义社会生产的世界化，越来越多的个人被纳入它的体系，前资本主义社会中人对人的依赖关系转变为人对物的依赖性。在这种条件下，一方面，人的发展获得了形式上的独立，人作为自由人从事交换活动；另一方面，人的发展却被物所规定和制约，物以一种新的限制方式束缚着人的个性。也就是说，资本主义"在生产出个人同自己和别人的普遍异化的同时，也生产出个人关系和个人能力的普遍性与全面性"，这也毕竟为个人实现独立个性创造了条件。马克思、恩格斯认为，这种束缚的根源在于建立在私有制上的社会制度，因此要真正实现个人的解放，就必须消灭私有制。只有这样，"单个人才能摆脱种种民族局限和地域局限而同整个世界的生产（也同精神生产）发生实际联系，才能获得利用全球的这种全面的生产（人们的创造）的能力"。

最后，马克思、恩格斯揭示了资本主义发展的基本规律和必然命运。资本主义的商品生产和竞争导致了生产力的巨大浪费。"资本主义生产对已经实现的、在商品中的对象化的劳动，是异常节约的。相反地，它对人、对活劳动的浪费，却大大超过任何别的生产方式，它不仅浪费血和肉，而且也浪费神经和大脑"。虽然"资本主义生产方式迫使每一个企业实行节约，但是它的无政府状态的竞争制度却造成社会生产资料和劳动力的最大的浪费，而且也产生了无数现在是必不可少的、但就其本身来说是多余的职能"。资本主义社会周期性发作的经济危机集中地体现了这种浪费。资本主义私有制的丧钟就要响了。而在此之前，以个人劳动为基础的分散的私有制的丧钟，早已经被资本主义生产方式敲响过了。"正像以往小生产由于自身的发展而必然造成消灭自身，即剥夺小私有者的条件一样，现在资本主义生产方式也自己造成使自己必然走向灭亡的物质条件"。这是一个历史的过程。这个过程的结果，不是重新建立私有制，而是"重新建立个人所有制，然而是在资本主义时代的成就的基础上，在自由劳动者的协作的基础上和他们对土地及靠劳动本身生产的生产资料的公有制上来重新建立"。

第一，资本主义生产方式的民族性与世界性相互作用的规律。随着资本主义生产的扩大和联系的紧密性，民族国家内部的社会生产突破了民族的狭隘地域的限制，而具有了世界历史的意义。世界性的资本主义生产方式也会通过国际交往影响民族国家的生产方式。就像马克思、恩格斯指出的："一切冲突都根源于生产力和交往形式之间的矛盾。此外，不一定非要等到这种矛盾在某一国家发展到极端尖锐的地步，才导致这个国家内发生内部冲突。由于广泛的国际交往所引起的同工业比较发达的国家的竞争，就足以使工业比较不发达的国家内产生类似矛盾。"在这里，马克思、恩格斯认为，在历史向世界历史转变的过程中，每个国家内部的生产方式有内在的矛盾，而这种生产方式和世界性的资本主义生产方式之间同样也存在矛盾，即外在的矛盾。在一定历史阶段中哪种矛盾居于主导地位，取决于两种矛盾间的相互作用，也就是生产方式的民族性与世界性之间的相互作用。在世界历史形成的过程中，一方面造成了世界范围内的生产的分工，在广泛的交往中，落后国家不必一切都从头开始，而有了将先进的生产力借鉴和移植到本国的可能；另一方面，它也导致了民族国家发展道路的多元化。从这个角度来看，对世界单一化的担忧是没有必要的，在生产方式的民族性与世界性相互作用的规律的支配下，落后国家才能够跨越资本主义。晚年的马克思在研究人类学时，提出东方社会理论时重点阐明了这一规律。

第二，世界历史必然走向共产主义的规律。世界历史虽然是由资产阶级开创的，但它必须由无产阶级去完成。资产阶级担负着准备物质前提的作用，但由于自身的局限性，它不可能完成解放全人类的历史任务。只有无产阶级通过共产主义革命才能实现全人类的解放，使现实的个人成为世界历史性的个人。正如马克思、恩格斯所说："无产阶级只有在世界历史意义上才能存在，就像共产主义事业只有作为世界历史性的存在才可能实现一样。"

第三节　共产主义理论

共产主义理论通常被理解为一种关于未来理想的社会形态或社会制度的理论，或者说，共产主义就是一种理想。这固然是对共产主义的一种理解方式，但这不是唯一的一种理解，或者说不是最合理的理解，也就是说，共产主义不应该仅仅是一种未来意义上的、距今仍还遥远的社会形态或社会制度。而更应该明确的是，共产主义还是一个现实运动。这就是说，从现实运动的意义上来理解共产主义，或许更能够把握共产主义理论的实质。

我们知道，共产主义理论是马克思揭示了资本主义社会的根本局限性之后而批判性地提出来的。在马克思看来，资本主义社会的局限性主要体现在现实的人的存在方式以及劳动方式的异化上，因此，针对资本主义社会的这种局限性，共产主义在本质上就是人向人的自身本质的复归，是关于人的解放和发展的学说。

就像恩格斯所说："共产主义是关于无产阶级解放的条件的学说。"马克思和恩格斯正是在批判资本主义社会的过程中来阐述其共产主义理论的。

在《1844年经济学哲学手稿》中，马克思揭示了资本主义生产方式对人的异化。马克思认为，共产主义就是对资本主义社会劳动异化的否定，是对人的自我异化的积极扬弃，其目的是要使人成为人，实现人对自由自觉的生命本质的复归，也就是使人在资本主义社会的异化状态下获得解放。马克思说："共产主义是作为否定的否定的肯定，因此，它是人的解放和复原的一个现实的、对下一段历史发展来说是必然的环节。共产主义是最近将来的必然的形式和有效的原则。但是，共产主义本身并不是人的发展的目标，并不是人的社会的形式。"这就是说，应该把共产主义理解为人的解放和对异化扬弃的现实的运动，不能把它看成一种纯粹形式上的目标或者纯粹的社会形式，因为抽象的目标作为凌驾于现实之上的一种僵化和虚幻的价值预设，不是一种现实的价值活动。这正是马克思所竭力批判的抽象思维的典型特征。马克思之所以否定把共产主义看作一种纯粹的社会的形式，是为了避免把共产主义看成一种凝固化的社会形态，而陷入宗教式的崇拜之中，进而遮掩了它作为现实运动的历史性和过程性。在马克思看来，共产主义运动是奠基在现实行动中的，也就是"要扬弃私有财产的思想，有思想上的共产主义就完全够了。而要扬弃现实的私有财产，则必须有现实的共产主义行动"。

在《德意志意识形态》中，马克思、恩格斯认为，共产主义只能建立在生产力的巨大增长和人们的普遍交往的实现的基础上，没有这两个条件，共产主义就只是作为地域性的形式而存在，失去它世界历史意义上的本质特性。换句话说，这两个条件将在其历史的发展中消灭资本主义的异化、私有制和分工。共产主义建立在物质的极大丰富之上，也就是"建立共产主义实质上具有经济的性质"，没有发达的生产力和丰富的物质基础，则极端的贫困只能使人们陷入争夺生活必需品的斗争之中。马克思、恩格斯认为，共产主义作为一种改造现存状态的现实运动，是在生产力高度发展的基础上的消灭异化和私有制的运动，这一运动的目的是要使生产关系重新复归于人与人的和谐关系、人的本质的实现，而不是与人相异化、使人成为手段。也就是"共产主义对我们来说不是应当确立的状况，不是现实应当与之相适应的理想。我们所说的共产主义，是那种消灭现存状况的现实的运动。这个运动的条件是由现有的前提产生的"。在此，马克思、恩格斯再一次强调：共产主义必须具有现实的实践性，必须成为现实的人们改变此岸世界中的异化状态、消灭资本主义社会私有制的现实运动。

共产主义社会实现了人的自然本质和自然的人道主义本质全面的统一，这种统一是在社会历史领域全面展开的。自然的历史和人类的历史，只有在社会的历史中才能得到理解，"只有在人类史中，我们才能真正理解自然史。因为，只有在社会中，自然界对人来说才是人与人联系的纽带，才是人的现实的生活要素"。人向本质的复归当然不是向人类自然原始状态的恢复，复归的根本在于对资本主义下不合理处境的扬弃，扬弃也不是单纯地抛弃或否定，而是克服事物中消极的方面，又保留在以往发展中对事物有积极意义的方面，作为具有发展意义的力量把事物发展到新的阶段。共产主义和人道主义是在以往社会财富极大积累的基础上达到的自然本性和人类本性的实现，就是"无神论作为对神的扬弃就是理论的人道主义的生成，而共产主义作为对私有财产的扬弃就是要求归还真正人的生命即人的财产，就是实践的人道主义的生成；或者说，无神论是以宗教作为自己的中介的人道主义，共产主义则是扬弃私有财产作为自己的中介的人道主义。只有通过扬弃这种中介——但这种中介是一个必要的前提——积极地从自身开始扬弃，人道主义才能产生"。

显然，共产主义不应被理解为纯粹与现实相脱节的理想，那将会脱离其本意和对现实的革命性贡献，而成为一种幻想。"共产主义对我们来说不是应当确立的状态，不是现实应当与之相适应的理想。我们所称为共产主义的是那种消灭现存状态的现实的运动"。马克思的共产主义思想的根本意义在于通过否定现实的资本主义社会中劳动的异化以及人的本质的异化，人的类本质在现实运动中得以彰显，人的自由得以实现，因此，马克思的共产主义思想不仅是对现实的人的异化的理论性批判，更是在社会生活实践意义上的批判，又是马克思的共产主义思想更具有时代性和过程性特征。

马克思认为，资本主义社会形态下人的生存方式是类的生活。类的生活指的是人把对现实的功利追求作为生活的意义。人将自己的本质意义完全外在化为对金钱的追求，使本来作为交换价值的一般等价物的金钱却成了评判人生活价值的唯一尺度，人于是遗失了自身存在的意义。人与人之间的关系也被对象化了，每个人都是其他人的竞争对手，致使资本主义社会中出现了人与人的对立，也就是无产阶级和资产阶级的对立。在对象化的关系中人成为物的附属品，人的全部生活被物化，就连人的本质和人的价值也被物所统摄。然而，人毕竟是人，他的本质并不能在这种异化的状态中长期遮蔽下去，人不应用物的眼光来看待，更不应用对待物的方式来对待人。因为"人是类的存在物，不仅因为人在实践上和理论上都把类——他自身的类以及其他物的类——当作自己的对象；而且因为——这只是同一种事物的另一种说法——人把自身当作现有的、有生命的类来对待，因为人把自身当作普遍的因而也是自由的存在物来对待"。

类生活的意义在于人按美的规律缔造人类本真的生活。"通过实践创造对象世界，改造无机界，人证明自己是有意识的类存在物，就是说有这样一种存在物，它把类看作自己的本质"，所以，人没有高低贵贱之分，只有社会分工的不同，社会的分工是由于人的先天和后天的差异性造成的，不能把它当成衡量人的价值的标准。人所具有的类本质表现在，每一个现实的人作为物质实践的主体，都具有展现其自由的本质力量和权利，从人的类本质出发才能认清生活本真的本质和意义。

美的生活规律包括两个尺度：物的尺度和内在的尺度。物的尺度指的是人外在的生活世界所赋予人的规律；内在的尺度则是指由人的本质力量决定的，人通过物质实践活动把自然物改造为合乎人的目的和需要的对象。这两种尺度统一起来，就形成了美的规律。

美的规律主要包括四个方面：（1）全面占有人的本质力量。马克思指出："为了人并且通过人对人的本质和人的生命、对象的人和人的作品的感性的占有……人以一种全面的方式，就是说，作为一个总体的人，占有自己的全面的本质。"（2）不受人的自然属性的支配。人作为自然意义的人当然受自然规律的限定，但是人的主体性的生活在遵循自然规律的同时又要超越自然属性的规定，在物质实践中去实现人的社会意义和自我解放。（3）再创造人化的生活世界，人的生活世界是人生活实践的结果，这种主体性的实践过程就是人类不断自我完善的过程，也是人类不断创造美好生活的过程。（4）使物合乎人自由发展的本质。人类的发展离不开物质条件，而人的生活世界不是自然意义上的世界而是人不断实践创造的结果，人的生产和实践是人将人生活的目的性注入其中的结果。

自由自觉的劳动是展现生活之美的根本途径，美在人的生活实践活动中具体体现出来，劳动作为人的基本生活实践活动，是人自己的意识的对象。"劳动过程结束时得到的结果，在这个过程开始时就已经在劳动者的想象中存在着"，在人的劳动中，"人则使自己的生命活动本身变成自己意志的和自己意识的对象。他具有有意识的生命活动。这不是人与之直接融为一体的那种规定性。有意识的生命活动把人同动物的生命活动直接区别开来。正是由于这一点，人才是类存在物。或者说，正因为人是类存在物，他才是有意识的存在物，就是说，他自己的生活对他来说是对象。仅仅由于这一点，他的活动才是自由的活动"。人类的劳动是自由化的活动，是对人的本质的确证，人的劳动是有意识的、有目的的活动，就是对限定性的超越，通过改造自然而将理想转变为现实。

按照美的规律创造生活同时要求人类在追求美的生活中实现求真与求善的统一。而求真与求善的统一同样需要人类运用科学技术的不断进步创造高度发达的生产力，使劳动成为生活的意义所在，并且以此来争取获得更多的自由劳动时间从事自由的劳动，以此彰显人的本质力量。进而在生产关系上实现人的自我解放，在自由自觉的劳动中展现自我的美。从根本上说，人的劳动不是为了外在的功利，不是出于压迫与强制，而是发自人的不可遏制的创造冲动，是出自人本性的要求，是人创造能力的外显。

人要从自己劳动实践创造的美中去观照自己的本质力量，证明人创造意义的生命的真实性，凸显人的类生活的现实性；只有如此，人才能在自觉劳动中认识了一个完全自由的我。马克思说："劳动是为每个人设定的天职。"马克思这里所说的天职指的正是人只有通过自觉地劳动发展人的创造性能力，通过自由自觉的创造发挥才能，丰富个性，而且通过劳动创造物——劳动产品人确证自身的社会力量。也就是说，人在自由自觉劳动的创造物中直观自身，同时也是人作为类存在物所需要的自我确证。正如马克思所说："我在我的生产中使我的个性和我的个性的特点对象化，因此我既在活动时享受了个人的生命表现，又在对产品的直观中由于认识到我的个性是对象性的、可以感性地直观的因而是毫无疑问的权利而感到个人的乐趣。"

自我并不具备抽象的本质，自我只有通过人的对象化活动才能表征人生存的意义。每个现实的人都具有生存的价值和意义，都有价值的独立性，每个人的发展都是作为其他人发展的前提，人与人在相互依存、相互影响、相互协调的前提下不断取得个人进步。人没有高低贵贱之分，人的高低贵贱只是从不同的角度反映了人的个性差异，正是由于人的差异性才使生活世界呈现多样性，每个人的差异性只是从不同的角度表现了人的类本质。

　　人类社会化生活的前提是消灭商品经济条件下的私有制，而消灭私有制就是实现共产主义的过程，人的社会化生活也正是马克思所渴望的扬弃异化后的人的生活状态，也就是一般理解下的共产主义社会中人的生产方式。人类社会化生活在人的现实生活实践中的具体要求是，劳动者产品归人类社会所有；自由的、创造性的劳动；劳动成为自由自觉的活动；自由的人的自由联合。商品经济条件下的私有制是人的物化的生活方式的社会根源，"它使人和人之间除了赤裸裸的利害关系，除了冷酷无情的现金交易，再也没有别的联系了"。共产主义运动是通过消除私有制来达到改变人类生活方式的历史变革，实现人的创造性发展。马克思指出："我们已经看到，在被积极扬弃的私有财产的前提下，人如何生产人——他自己和别人；直接体现他的个性的对象如何是他自己为别人的存在，而且也是这个别人为他的存在。"可见，消灭商品经济条件下的私有制是创造人的合理生活状态的历史必然，也是共产主义的必然道路。

　　社会化的生活方式缔造人有现实意义的社会历史性生活。马克思在谈到社会历史与人的关系时说："历史什么事情也没有做，它'并不拥有任何无穷无尽的丰富性'……创造这一切、拥有这一切并为这一切而斗争的，不是'历史'，而是人，现实的、活生生的人。'历史'并不是把人当作达到自己目的的工具来利用的某种特殊的人格，历史不过是追求自己的目的的人的活动而已。"离开整体意义上的人类及其活动，就没有人类文明可言。在共产主义社会，世界是"我们"意义上的生活世界，而不是"我"的个人世界，每个人都应当创造自身的幸福生活。但是人类的幸福不是个别人的创造，而是人类共同创造和发展的结果。对此，人只能在与同类和谐的社会关系中才能找到自己的完美和幸福，每一个人与他人的关系应当是共享共存的社会关系。

马克思指出："对你来说，我是你与类之间的中介，你自己认识到的和感觉到我是你自己本质的补充，是你自己不可分割的一部分。"人的历史发展是人不断通过其社会实践去创造崭新的世界的生命历程，在这个生活世界里，使每一个人感受到自己与同类共生共存的。在人的社会化生活中每一个人本身都是价值主体，具有独立自主性、自觉性和能动的创造性，每个人的劳动都是"自主活动"，"这种自主活动就是对生产力总和的占有以及由此而来的才能总和的发挥"。然而，在现实商品社会中，私有制导致人与人社会关系的对立，为此，马克思指出："推翻一切旧的生产关系和交往关系的基础，并且第一次自觉地把一切自发形成的前提看作前人的创造，消除这些前提的自发性，使它们受联合起来的个人的支配。它使一切不依赖于个人而存在的状况不可能发生，因为这种存在状况只不过是各个人之间迄今为止的交往的产物。"共产主义无非就是"联合起来的个人对全部生产力的占有，私有制也就终结了"，"共产主义是对私有财产即人的自我异化的积极扬弃，因而是通过人并且为了人而对人的本质的真正占有；因此，它是人向自身、向社会的（即人的）复归，这种复归是完全的、自觉的和在以往发展的全部财富的范围内生产的"。

高度发达的工业化和人类的世界历史性是人类社会化生活的现实性基础。马克思在谈到人的类生活时，往往将工业化与人类社会化生活紧密相连，并深刻地指出："如果把工业看成人的本质力量的公开的展示，那么自然界的人的本质，或者人的自然的本质，也就可以理解了。"也就是说人类的社会化生活只有在以高度发达的生产力为背景的前提下才能够实现，人类的社会化生活只有通过高度发达的工业化大生产才能够展现人的本质力量，实现人本质力量的外投过程，通过科学技术的进步不断运用高科技使更多的自然力为我所用，创造美好的生活现实。在这一人类创生性的现实生活实践中，人类除了以科技为核心进行工业化大生产以外，"说生活还有别的什么基础，科学还有别的什么基础——这根本就是谎言"。人类社会化生活在历史现实中表现为人类世界历史性生活秩序的确立。

人类世界历史性生活是相对于民族性生活秩序而言的。马克思指出："大工业造成了各阶级间大致相同的关系，从而消灭了各民族的特殊性。"大工业使人类普遍的交往得以形成，"普遍的交往可以使一切民族之中产生'没有财产的'群众这一现象（普遍竞争），使每一民族都依赖于其他民族的变革；最后，地域性的个人被世界历史性的、经验上普遍的个人代替"。普遍交往使"民族历史"向"世界历史"转变，"各个相互影响的活动范围在这个发展进程中越来越扩大，各民族的原始闭关状态则由于日益完善的生产方式、交往以及因此自发发展起来的各民族之间的分工而逐渐被消灭，历史就在越来越大的程度上成为全世界的历史"。正是从这个意义上，马克思才号召全世界无产者联合起来，共同创造人类的美好生活。

马克思的共产主义理论可以被看成马克思完成历史唯物主义体系的标志，这个体系不是封闭的，而是开放的。当我们再审视历史唯物主义时能够发现，其作为思想方法和理论体系有严格的统一性，马克思将自己的思想体系建立在了新的基础之上，他对世界的理解真正实现了哲学史上的大变革。对于马克思，对于历史唯物主义，我们只有从生活的现实性，从从事物质实践的现实的个人的具体性，从人的本质的整体性和合理性，从当代社会的现实性上才能够获得更真切、更有意义的理解。

知识链接

辩证法

辩证法是关于对立统一、斗争和运动、普遍联系和变化发展的哲学学说，源出希腊语"dialego"，意为谈话、论战的技艺，指一种逻辑论证的形式。现在用于包括思维、自然和历史三个领域中的一种哲学进化的概念，也用来指和形而上学相对立的一种世界观和方法论。

辩证唯物主义

辩证唯物主义，是马克思、恩格斯批判地吸取德国古典哲学——黑格尔的辩证法的"合理内核"和费尔巴哈唯物论的"基本内核"，在总结自然科学、社会科学和思维科学的基础上创立的系统科学的逻辑理论思维形式，是一种以马克思和恩格斯学说来研究现实的哲学方法，是用"辩证的观点"和"唯物论的观点"解释和认识世界的理论。一般认为"辩证唯物主义"和"唯物辩证法"在本质上是一致的。

辩证唯物主义的基本观点有：1.唯物主义认为，物质是第一性的，意识是第二性的。世界的本原是物质，世界的万事万物都是物质派生出来的。2.物质世界是按照它本身所固有的规律运动、变化和发展的。规律是客观的，是不以人的主观意志为转移的。3.辩证的唯物主义观点是相对于机械唯物主义而言的，即将辩证法与唯物主义相结合。

不可知论

不可知论是一种唯心主义的认识论，认为除了感觉或现象之外，世界本身是无法认识的。它否认社会发展的客观规律，否认社会实践的作用。不可知论最初是由英国生物学家T.H.赫胥黎于1869年提出的。不可知论断言人的认识能力不能超出感觉、经验和现象的范围，不能认识事物的本质及发展规律。在现代西方哲学中，许多流派从不可知论出发来否定科学真理的客观性，否认认识世界的可能性或者否认彻底认识世界的可能性。

簿记

簿记是为了管理经济主体因经济交易而产生的资产、负债、资本的增减，以及记录在一定期间内的收益和费用的记账方式。

一般说到簿记是指复式的商业簿记。

德国古典哲学

德国古典哲学一般是指康德、费希特、谢林、黑格尔和费尔巴哈的哲学，是代表西方近代哲学的最高阶段。它继承了由德国哲学家莱布尼茨代表的唯理主义倾向，同时又受到了苏格兰启蒙运动中著名哲学家休谟的经验主义和怀疑论的影响，此外，以莱辛、歌德为代表的启蒙运动文学也对德国古典哲学起到了相当程度的影响。（斯宾诺莎的宿命论思想有时也被认为是德国古典哲学的重要思想来源之一。）在这些思想的共同影响下，德国古典哲学家总结并探讨了一系列哲学上的重大问题，尽管他们中的多数经常被泛泛地认为是唯心主义者，但他们的主张却不是统一的。

康德是一个二元论者和不可知论者，他为了调和唯理主义和经验主义，提出了自己的批判哲学。费希特则持有一种主观唯心主义（后期也被认为倾向于客观唯心主义），谢林和黑格尔有时候被认为是客观唯心主义者，但事实上他们的意见是非常不同的。直到费尔巴哈以一种唯物主义的观点对黑格尔宏大的形而上学体系提出抨击，从而终结了德国古典哲学。

德国古典哲学具有抽象性和思辨性的特点，同时它也是马克思主义的三个理论来源之一。此外，它提出了包括认识论、本体论、伦理学、美学、法哲学、历史哲学以及政治哲学等领域的各种重大问题和范畴，标志着近代西方哲学向现代西方哲学的过渡。

等价形式

当商品A通过不同种商品B的使用价值表现自己的价值时，它就使商品B取得了一种特殊的价值形式，即等价形式。

第二次工业革命

第二次工业革命，也称第二次科技革命，是指1870年至1914年的工业革命。其中西欧和美国以及1870年后的日本，工业得到飞速发展。第二次工业革命紧跟着18世纪末的第一次工业革命，并且从英国向西欧和北美蔓延。第二次工业革命以电力的大规模应用为代表，以电灯的发明为标志。

第二国际

第二国际，即"社会主义国际"，是一个工人运动的世界组织。1889年7月14日在巴黎召开了第一次大会，通过《劳工法案》及《五一节案》，决定以同盟罢工作为工人斗争的武器。组织后因第一次世界大战爆发而解散，其后伯尔尼国际成立并作为实体运作。第二国际所做出影响最大的动作包括宣布每年的5月1日为国际劳动节，宣布每年的3月8日为国际妇女节，并创始了八小时工作制运动。当今世界最大的政党组织"社会党国际"实际上为其延续，在二战后的1951年成立，成员均为原第二国际成员。

第一国际

第一国际，即国际工人联合会，1864年由英、法、德、意四国工人代表在伦敦开会成立，马克思代表德国工人参加该组织的工作，并逐渐用"科学社会主义"理论作为组织指导思想。由于会名太长，有时人们取它的第一个单词"International"代指，简称为"国际"，历史上即称为"第一国际"。1871年，第一国际法国支部参加并领导了巴黎公社运动。但是随着巴黎公社的失败，第一国际也日渐衰弱，1876年正式宣布解散。

俄国二月革命

俄国二月革命是1917年3月8日于俄罗斯发生的民主革命，是俄国革命的序幕。其即时结果就是沙皇尼古拉二世被迫退位，俄罗斯帝国灭亡。二月革命结束了封建专制的统治，之后出现了两个政权并立的局面，即资产阶级临时政府和苏维埃政权。后又因为临时政府的措施不当，爆发了十月革命。以列宁为首的苏维埃政权控制了局面。二月革命为俄国无产阶级反对资产阶级、争取社会主义的斗争创造了有利的条件。发生在第一次世界大战期间的二月革命的胜利，促进了欧洲各国被压迫人民和被压迫民族反对帝国主义战争、反对本国反动政府、争取民主权利和民族解放的革命运动的高涨。

法国1789年的资产阶级大革命

法国大革命,又称法国1789年的资产阶级大革命,是1789年在法国爆发的资产阶级革命,法国的政治体制在大革命期间发生了史诗性的转变:统治法国多个世纪的绝对君主制与封建制度在三年内土崩瓦解,过去的封建贵族和宗教特权不断受到自由主义政治组织和平民的冲击,传统观念逐渐被全新的天赋人权、三权分立等民主思想代替。

法国大革命始于1789年5月的三级会议。革命的头一年,第三等级的革命民众在6月发表了《网球场宣言》,7月攻占了巴士底狱,8月凡尔赛妇女运动迫使法国王室在10月返回巴黎。之后几年不断出现自由集会和保守的君主制度改革。1792年9月22日,法兰西第一共和国成立,路易十六在次年被推上了断头台。不断出现的外部压力实际上在法国革命中起到了主导作用,法国革命战争从1792年开始,取得了一个世纪以来法国未曾取得的胜利,并使法国间接控制了意大利半岛和莱茵河以西的领土。在国内,派系斗争及民众情绪的日益高涨导致了1793年至1794年恐怖统治的产生。罗伯斯庇尔和雅各宾派倒台以后,督政府于1795年掌权,直到1799年拿破仑上台后结束。

关于法国大革命的结束时间尚存争议,正统观点认为1799年的雾月政变为革命终结的标志;另有观点认为1794年7月雅各宾派统治的结束为革命的终结;还有观点认为1830年七月王朝建立是革命终结的标志。

现代社会在法国革命中拉开帷幕，共和国的成长、自由民主思想的传播、现代思想的发展以及国家之间大规模战争的出现都是此次革命的标志性产物。在作为近代一场伟大的民主革命而受到赞扬的同时，法国大革命也因其间所出现的一些暴力专政行为而为人诟病。革命随后导致了拿破仑战争、两次君主制复辟以及两次法国革命。接下来直至1870年，法国在两次共和国政府、君主立宪制政府及帝国政府下交替管治。

历史学家、《旧制度与大革命》的作者托克维尔则认为，1789年法国革命是迄今为止最伟大、最激烈的革命，代表法国的"青春、热情、自豪、慷慨、真诚的年代"。

封建主义

封建主义包括三个方面：一是指封建专制制度，包括政治、经济制度在内的整个社会制度；二是指意识形态；三是指以封建主义思想为指导，为建立或复辟封建专制制度而进行的活动。三者之间相互联系又相互区别，不能等同和混淆。也可以说，封建主义在经济上代表的是地方保护主义和部门主义；在政治上代表的是专制主义和宗法制度；在思想上代表的是纲常伦理、宗法意识和社会生活中的各种落后、愚昧现象、迷信思想和活动。包括制度、活动、思想三方面含义的封建主义，才能称之为完整意义上的封建主义。

概念

概念也称观念，是抽象的、普遍的想法、观念或充当指明实体、事件或关系的范畴和类的实体。在它们的外延中忽略事物的差异，如同它们是同一地去处理它们，所以概念是抽象的。它们等同地适用于在它们外延中的所有事物，所以它们是普遍的。

概念是意义的载体，而不是意义的主动者。一个单一的概念可以用任何数目的语言来表达；术语则是概念的表达形式。概念在一定意义上独立于语言的事实使得翻译成为可能——在各种语言中词有同一的意义，因为它们表达了相同的概念。概念是人类对一个复杂的过程或事物的理解。从哲学的观念来说，概念是思维的基本单位。

工业革命

工业革命，又称产业革命，是指资本主义工业化的早期历程，即资本主义生产完成了从工场手工业向机器大工业过渡的阶段。工业革命是以机器取代人力，以大规模工厂化生产取代个体工场手工生产的一场生产与科技革命。由于机器的发明及运用成为了这个时代的标志，因此，历史学家称这个时代为"机器时代"。

有人认为工业革命在1759年左右已经开始，但直到1830年，它还没有真正蓬勃地展开。大多数观点认为，工业革命发源于英格兰中部地区。1769年，英国人瓦特改良蒸汽机之后，由一系列技术革命引起了从手工劳动向动力机器生产转变的重大飞跃。随后自英格兰扩散到整个欧洲大陆，19世纪传播到北美地区。一般认为，蒸汽机、煤、铁和钢是促成工业革命技术加速发展的四项主要因素。在瓦特改良蒸汽机之前，整个生产所需动力依靠人力和畜力。伴随蒸汽机的发明和改进，工厂不再依河或溪流而建，很多以前依赖人力与手工完成的工作自蒸汽机发明后被机械化生产取代。

工业革命是一般的政治革命不可比拟的巨大变革，其影响涉及人类社会生活的各个方面，使人类社会发生了巨大的变革，对人类的现代化进程的推动起到了不可替代的作用，把人类推向了崭新的蒸汽时代。

共产国际

共产国际，亦称"第三国际"，1919年3月2日至6日在列宁的领导下，在莫斯科召开了共产国际第一次代表大会。参加大会的有来自欧、亚、美洲21个国家的35个政党和团体的代表52人，通过了列宁起草的《共产国际宣言》、《共产国际行动纲领》等文件，宣告了共产国际的成立。共产国际在其存在的24年中，共召开过7次代表大会和13次执行委员会全会。共产国际在列宁领导期间，成绩比较显著。1924年1月，列宁去世后，共产国际出现了一些错误。总的来说，共产国际在宣传马克思列宁主义，团结各国无产阶级和被压迫民族，领导和推动无产阶级革命运动，促进亚非拉民族解放运动，反对帝国主义和法西斯主义，促进各国共产党的成长等方面起了重大的作用。

共产主义

共产主义是一种政治思想，主张消灭私有产权，并建立一个各尽所能、按需分配的生产资料公有制（进行集体生产）社会，而且是一个没有阶级制度、国家和政府的社会。在这一体系下，土地和资本财产为公共所有。其主张劳动的差别并不会导致占有和消费的任何不平等，并反对任何特权。在科学共产主义（马克思主义及其各流派）的理论中，它在发展上分两个阶段，初级阶段是社会主义，高级阶段是共产主义。通常所说的共产主义，指共产主义的高级阶段。

按照马克思主义理论（历史唯物主义），资本主义必将为共产主义所取代，这是不以人们的意志为转移的社会发展的历史规律。因随着工业革命后各种机械自动化生产所带来的高生产力，长期而言经济生产所需的人力将愈来愈少，在私有财产制度下绝大多数人将会失业，因此，社会若想继续和平发展就必须进入共产主义，将愈来愈少的工作量分配给各个工作的人，除了为兴趣而自愿长期工作的人之外，基本上多数人可减少许多工作时间就能维持日常生活。共产主义思想在实行上，需要人人有高度发达的集体主义精神，而这就要求社会生产力达到充分的发展和极度的发达。

共产主义社会

共产主义社会是一种社会形态，它是在生产资料公有制的条件下，在高度发达的社会生产力的基础上所实行的一种各尽其职、按需分配的劳动者自由联合的社会经济形态。

后马克思主义

后马克思主义的概念自20世纪80年代以来就以一种不太准确和规范的方式被使用着，它并非描述一个学派，而是描述一个趋向。后马克思主义倡导一种偶然的话语逻辑，它主张把意识形态和经济及阶级要素完全剥离开来，然而，对于后马克思主义自身的"发生学"分析，后马克思主义的话语理论却无能为力。后马克思主义不论作为一种思想倾向，还是作为一种确定的理论立场，它的生成、确立和盛行都不是脱离社会文化环境的纯粹话语运作的结果，就像后马克思主义本身不能够完全拒斥马克思主义一样，对后马克思主义社会和思想根源的理论透视也离不开马克思主义的分析方式。后马克思主义之所以在20世纪70年代末至80年代中期孕育成形，有着它特定的社会的、政治的、阶级的、思想的以及学理上的源流。

汇率

汇率，亦称外汇行市或汇价，是一国货币兑换另一国货币的比率，是以一种货币表示另一种货币的价格。由于世界各国货币的名称不同，币值不一，所以一国货币对其他国家的货币要规定一个兑换率，即汇率。从短期来看，一国的汇率由对该国货币兑换外币的需求和供给所决定。外国人购买本国商品、在本国投资以及利用本国货币进行投机会影响本国货币的需求。本国居民想购买外国产品、向外国投资以及外汇投机会影响本国货币供给。在经济学上，汇率定义为两国货币之间兑换的比例。通常会将某一国的货币设为基准，以此换算他国等金额价值的货币。

汇率的特性在于它多半是浮动的比率。只要货币能够透过汇率自由交换，依交换量的多寡，就会影响隔天的汇率，因此，有人也以赚汇差营利，今日以较低的比率购进某一外币，隔日等到较高的比率出现时，再转手卖出，所以有时汇率也能看出一个国家的经济状况。此外，外汇储备也能看出这个国家的出口贸易状况。

货币

货币是用作交易媒介、储藏价值和记账单位的一种工具，是专门在物资与服务交换中充当等价物的特殊商品。既包括流通货币，尤其是合法的通货，也包括各种储蓄存款。在现代经济领域，货币的领域只有很小的部分以实体通货方式显示，即实际应用的纸币或硬币，大部分交易都使用支票或电子货币。货币区是指流通并使用某一种单一的货币的国家或地区。不同的货币区之间在互相兑换货币时，需要引入汇率的概念。

机会主义

机会主义，也称投机主义，指为了达到自己的目标不择手段的做法，突出的表现是不按规则办事，视规则为腐儒之论，其最高追求是实现自己的目标，以结果来衡量一切，而不重视过程。如果它有原则的话，那么它的最高原则就是成王败寇。机会主义也可指工人运动或无产阶级政党内部出现的违背马克思主义根本原则的思潮、路线。它是资产阶级或小资产阶级思想的反映。机会主义有两种表现形式：一种是右倾机会主义，另一种是"左"倾机会主义。

基督

基督，基利斯督之简称，来自于希腊语，是亚伯拉罕诸教中的术语，原意是"受膏者"（中东地区肤发易干裂，古代的以色列王即位时必须将油倒在国王的头上，滋润肤发，象征这是神用来拯救以色列人的王，后来转变成救世主的意思），也等同于希伯来语中的名词弥赛亚，意思为"被涂了油的"。在基督教、圣经当中基督是"拿撒勒"主耶稣的专有名字，即"主耶稣基督"。

基督教

基督教是一种以新旧约全书为圣经，信仰神和天国的宗教，发源于中东地区。在人类发展史中，基督教扮演着非常重要的角色，中世纪到文艺复兴尤甚。基督徒是相信耶稣为神（天主或称上帝）的圣子、人类的救主（弥赛亚，即基督）的一神论宗教。基督教与伊斯兰教、佛教并列为当今三大世界性宗教。基督教主要有天主教（又称公教会）、希腊正教（又称正教会、东正教）、基督新教（华人俗称基督教）三大派别，以及其他许多规模较小的派别。基督教虽然发源于中东地区，但后来由于阿拉伯帝国和奥斯曼土耳其帝国的兴起、扩张和持续打压，基督教的传播中心逐渐转移至欧洲，并在欧洲发扬光大，并由此传播至远东、美洲、非洲、大洋洲等地。中文语汇的"基督教"一词时常是专指基督新教，这是中文目前的特有现象。基督教徒约有17亿7千万人。天主教徒占其中的52.89%（约10亿人），基督新教占其中的17.63%（约3亿人），而东正教则占其中的10.64%（约2亿人）。

级差地租

级差地租是一个相对于绝对地租的概念，它是指租佃较好土地的农业资本家向大土地所有者缴纳的超额利润。这个超额利润是由优等地和中等地农产品的个别生产价格低于按劣等地个别生产价格决定的社会生产价格的差额决定的。

价值

价值，泛指客体对于主体表现出来的积极意义和有用性。可视为是能够公正且适当反映商品、服务或金钱等值的总额。在经济学中，价值是商品的一个重要性质，它代表该商品在交换中能够交换得到其他商品的多少，价值通常通过货币来衡量，称为价格。这种观点中的价值，其实是交换价值的表现。

根据新古典主义经济学（目前比较流行的一种经济学理论），物体的价值就是该物体在一个开放和竞争的交易市场中的价格，因此，价值主要取决于对于该物体的需求，而不是供给。有些经济学者经常把价值等同于价格，不论该交易市场竞争与否。而古典经济学则认为价值和价格并不等同。按照马克思主义政治经济学的观点，价值就是凝结在商品中无差别的人类劳动，即商品价值。马克思还将价值分为使用价值（给予商品购买者的价值）和交换价值（使用价值交换的量）。

价值规律

价值规律，亦称"价值法则"，是商品生产和商品交换的基本规律。其主要内容和客观要求是商品的价值量由生产商品的社会必要劳动时间决定，商品按照价值量相等的原则进行交换。在以货币为媒介的商品交换中，要求价格符合于价值。

价值量

商品的价值量是商品价值的大小，通常是单位价值量。商品的价值量不是由各个商品生产者所耗费的个别劳动时间决定的，而是由社会必要劳动时间决定的。商品是劳动产品，商品的价值是由劳动形成的，因而它的价值量要由生产商品所耗费的劳动时间来衡量。在其他条件不变的情况下，商品的价值量越大，价格越高；商品的价值量越小，价格越低。若其他因素不变，单位商品的价值量与生产该商品的社会劳动生产率成反比。价值决定价格，价格是价值的货币表现，价值是价格的基础。

交换价值

交换价值指的是当一种产品在进行交换时，能换取到其他产品的价值。交换价值在马克思的学说中，是物品借着一种明确的经济关系才能够产生出的价值，也就是说，经济关系乃是交换价值的背景。交换价值只有在一个产品进行交换时，特别是产品作为商品在经济关系中出售及购买时，才具有意义。交换价值的根本属性是产品的使用价值，但是交换价值在商品交易中根据双方需求会发生较大的波动。例如，1升水在平时和旱季，其使用价值是一样的，但是交换价值的变化却很大。

经济危机

经济危机指的是一个或多个国家经济或整个世界经济在一段比较长的时间内不断收缩（即产生负的经济增长率）。

绝对地租

绝对地租是资本主义地租的一种形式。在资本主义制度下，由于土地为地主所私有，因此不论租种上等地或者租种土质最坏的地，地主都要收取地租。这种由于土地私有制的存在，不论租种好地坏地都绝对必须交纳的地租，马克思把它叫作绝对地租。

绝对剩余价值

绝对剩余价值指在必要劳动时间不变的条件下，通过绝对延长工作日，从而绝对延长剩余劳动时间生产出来的剩余价值。

科学社会主义

科学社会主义是与空想社会主义相对而言的、关于社会主义的科学的理论体系、理论模型与实践模式。科学社会主义是人类一切文明成果的结晶。马克思、恩格斯运用辩证唯物主义的逻辑思维形式，在批判历代空想社会主义的基础上，以历史唯物主义的观点揭示和发现了人类社会发展的规律及当代资本主义经济运动的规律——剩余价值规律。马克思的这两个规律的发现使社会主义从空想变成了科学。科学社会主义是关于无产阶级解放斗争发展规律的科学，是一门政治科学，或者说是一门政治学。

可知论

可知论认为世界是可以为人所认识的，世界上只有尚未被认识的事物，不存在不能认识的事物。一切的唯物主义者都是可知论者，他们坚持物质第一性，意识第二性；彻底的唯心主义者也是可知论者，但他们坚持意识第一性，物质第二性。

空想社会主义

空想社会主义又称乌托邦社会主义，是产生于资本主义生产状况和阶级状况尚未成熟时期的一种社会主义学说，是现代社会主义思想来源之一。空想社会主义者相信在不久的将来可以建立理想的意识形态社会，并为之不懈努力奋斗。这种学说最早见于16世纪托马斯·莫尔的《乌托邦》一书，盛行于19世纪初期的西欧。空想社会主义者认为社会主义的理想社会应该建筑在人类的理性和正义的基础上，而这种社会至今还未出现，是由于人们不认识和不承认的缘故。他们觉得只要有天才掌握了这种思想，并推广开去，就能实现他们心中的理想社会。空想社会主义者反对资本主义，并认为资本主义的剥削制度是由于人类在道德和法律上犯了错误，背弃了人类的本性而产生的。

劳动对象

　　劳动对象指劳动本身所对应的客体，比如耕作的土地、纺织的棉花等。包括两大类：一是自然界的物质，即未经人类加工过的自然物，如矿藏；一是人类劳动加工过的，用作原材料的产品，如棉花、钢铁等。

劳动力

　　劳动力，即人的劳动能力，指蕴藏在人体中的脑力和体力的总和。物质资料生产过程是劳动力作用于生产资料的过程。离开劳动力，生产资料本身是不可能创造任何东西的。但是，在物质资料生产过程中，劳动力发挥作用，除了必须具备一定的生产经验和劳动技能或科学文化知识外，还必须具备一定量的生产资料，否则，物质资料生产过程也是不能进行的。劳动者在生产过程中运用自己的劳动力和生产工具，作用于劳动对象，既可以创造出物质财富，也可以不断提高自己的劳动技能。

里昂工人起义

　　里昂工人起义是指1831年和1834年法国里昂工人反对资本主义剥削压迫的两次武装起义，里昂工人起义推动了法国工人运动的发展，是法国无产阶级作为独立的政治力量登上历史舞台的重要标志之一。与"巴黎公社"、"英国宪章运动"并称"三大工人运动"。

历史唯物主义

历史唯物主义是马克思主义哲学的重要组成部分，也被称为"唯物主义历史理论"或"唯物史观"。历史唯物主义为马克思和恩格斯所创立，以黑格尔的辩证法，结合费尔巴哈的唯物论，去解释人类历史演变的过程，并被列宁、毛泽东等人所发展，被认为是马克思主义的社会历史观和认识、改造社会的一般方法论。因其主要关注的是对历史规律的阐明，因而历史唯物主义可以归入历史哲学，具体地说是一种思辨的历史哲学。

历史唯物主义认为历史发展是客观的和有其特定规律的，其最基本的规律就是生产力决定生产关系，生产关系对生产力有反作用（可能促进或阻碍）。伴随着生产力的发展，人类社会会历经原始社会、奴隶社会、封建社会、资本主义社会、社会主义社会，最终走向共产主义社会。

马克思列宁主义

马克思列宁主义是马克思主义和列宁主义的统称。马克思主义是对马克思和恩格斯的观点和学说的总体称谓，是无产阶级及其政党的十分严整而彻底的世界观，是无产阶级开展解放运动的理论指导，是无产阶级根本利益的科学表现。列宁主义是帝国主义和无产阶级革命时代的马克思主义，是由列宁和他的战友在参加和领导俄国和国际工人运动的实践活动中，在同第二国际机会主义作斗争中，总结无产阶级新的历史经验和科学发展的新成果而形成的。它使无产阶级专政成为现实，使社会主义从科学的理论变成现实的社会制度。

马克思主义

马克思主义是马克思、恩格斯在19世纪工人运动实践基础上创立的理论体系。马克思主义主要以唯物主义角度编写而成。马克思主义理论体系包括三部分，即马克思主义哲学、马克思主义政治经济学、科学社会主义，分别是马克思、恩格斯受德国古典哲学、英国古典政治经济学、法国空想社会主义影响，并在此基础上创立的。马克思主义作为内涵丰富、外延无限的一整套严密的思想体系，我们可以从不同方面对其进行不同的定义。马克思主义从它的创造者、继承人的认识成果上讲，可以定义为：马克思主义是马克思、恩格斯创建的马克思主义者不断加以丰富发展的观点和学说的体系；从它的阶级属性讲，可以定义为：马克思主义是关于无产阶级和人类解放的科学，尤其是关于无产阶级斗争的性质、目的和条件的学说；从它的研究对象讲，可以定义为：马克思主义是一个内容极其丰富的、宏伟的、科学的理论体系，是关于自然、社会和思维发展普遍规律的学说，特别是关于资本主义发展和转变为社会主义，以及社会主义和共产主义发展普遍规律的学说。

马克思主义哲学

马克思主义哲学是关于自然、社会和思维发展的一般规律的科学，是唯物论和辩证法的统一，是唯物论自然观和历史观的统一。它是在继承和发展了德国的古典哲学，英国的古典政治经济学，英国、法国的空想社会主义下形成的马克思主义的三个组成部分之一。马克思主义哲学的主要理论来源是辩证法和唯物论，辩证唯物主义和历史唯物主义是马克思主义哲学的两大组成部分，实践概念是它的基础。

马克思主义政治经济学

马克思主义政治经济学，是马克思主义的重要组成部分。它既是我们从理论高度认识和研究资本主义的经济科学，也是我们进行社会主义经济建设和改革开放的理论指导。马克思主义政治经济学，首先包括马克思创建的政治经济学的基本原理和方法，也包括后来由列宁、毛泽东、邓小平和党中央发展了的经济思想与理论，还包括经济学界以马克思主义为指导研究当代资本主义和社会主义所取得的有关成果。马克思主义政治经济学的基本观点主要包括在马克思的重要著作《资本论》中，在《资本论》

中，马克思研究了资本主义经济学的理论和英国历年的经济统计资料，对资本主义经济学理论进行了分析和批判。

矛盾

矛盾出自《韩非子》中《难一》所述故事，一般指在两个或更多陈述、想法和行动之间的不一致。在马克思主义哲学概念中，事物自身包含的既对立又统一的关系叫作矛盾。简言之，矛盾就是对立统一。所谓对立，是指矛盾双方相互排斥、互相斗争。所谓统一是指如下两种情形：第一，矛盾双方在一定条件下相互依存，一方的存在以另一方的存在为前提，双方共处于一个统一体中。第二，矛盾着的双方，依据一定的条件，各向自己相反的方向转化。它们中的一方对另一方的否定，以及在旧矛盾向新矛盾的转化中对旧矛盾的否定，都不是单纯的否定，而是辩证的否定，即否定之中有肯定，肯定之中有否定。

孟什维克

孟什维克（俄文音译，意为少数派）是俄国社会民主工党中的一个派别。孟什维克由马尔托夫领导，主张信任群众行动的自发性，涵盖所有无产阶级民众的所有行动。1903年召开俄国社会民主工党第二次代表大会期间，以列宁为首的马克思主义者同马尔托夫等人在制定党章时发生尖锐分歧。大会在选举中央领导机关成员时，拥护列宁的人得多数票，称布尔什维克（意为多数派），马尔托夫等得少数票，称孟什维克。会后，孟什维克发展成为俄国社会民主工党内主要的右倾机会主义派别，其观点称为孟什维主义。

判断

判断是肯定或否定某种事物的存在，或指明某一对象是否具有某种属性，和事物情况之间的关系的思维过程。在形式逻辑上，判断常用一个命题表达出来。

七月革命

七月革命，即法国七月革命，是1830年欧洲的革命浪潮的序曲，因为波旁王室的专制统治令经历过法国大革命的法国人民难以忍受，以致法国人群起反抗当时法国国王查理十世的统治。此次革命的成功是维也纳会议后首次在欧洲成功的革命运动，革命鼓励了1830年及1831年欧洲各地的革命运动，表明维也纳会议后，由奥地利帝国首相梅特涅组织的保守力量未能抑制法国大革命后日益上扬的民族主义及自由主义浪潮。

青年黑格尔派

青年黑格尔派，又称黑格尔左派，是在19世纪30年代黑格尔哲学解体过程中产生的激进派，知名成员有布鲁诺·鲍威尔、大卫·施特劳斯、麦克斯·施蒂纳、费尔巴哈等。活动中心在柏林，马克思和恩格斯也曾参加过青年黑格尔派的活动。

让渡

让渡，就是权利人将自己有形物、无形的权利，或者是有价证券的收益权等通过一定的方式，全部或部分地以有偿或者无偿的方式转让给他人所有或者占有，或让他人行使相应权利。在商品经济中，买进卖出就是一种非常普遍的有偿让渡形式；而对别人或相关地区的捐赠，就是一种无偿的让渡。

人文主义

人文主义是在文艺复兴时期新兴资产阶级反封建反教会斗争中形成的思想体系、世界观或思想武器，也是这一时期资产阶级进步文学的中心思想。它主张一切以人为本，反对神的权威，把人从中世纪的神学枷锁下解放出来。人文主义宣扬个性解放，追求现实人生幸福；追求自由平等，反对等级观念；崇尚理性，反对蒙昧。

商品

商品是一种用于满足购买者欲望和需求的产品。狭义概念中的商品是一种有形的物质产品，区别于无形的服务。就其本身而论，商品能以有形的方式交付给购买者，并且它的所有权也一并由销售者转移给了顾客。例如，苹果是有形的商品，相对而言，理发则是一种无形的服务。

商品拜物教

在马克思主义理论中，商品拜物教是资本主义市场社会中的社会关系的一种形态，其中社会关系体现为一种基于商品或货币的客体关系，主要表现为劳动商品化和异化。"商品拜物教"一词由马克思在《资本论》第一卷（1867年）中首创。马克思之所以用拜物教一词，可以解释为对工业社会"理性"、"科学"心态的嘲讽。在马克思的时代，这个词主要是用来形容原始宗教。商品拜物教意味着如此的原始信仰体系其实还留在现代社会的核心。依他的见解，商品拜物教是私有制在资本主义的社会关系中造成的幻影，它在资本主义社会的主流意识形态中占据中心地位。

社会必要劳动时间

社会必要劳动时间是与"个别劳动时间"相对而言的，指在现有的社会正常的生产条件下，在社会平均的劳动熟练程度和劳动强度下制造某种使用价值所需要的劳动时间。这里的"现有的社会正常的生产条件"是指现时某生产部门的平均生产条件，或大多数商品生产者所具有的生产条件，其中最主要是劳动工具的状况；这里的"平均的劳动熟练程度和劳动强度"是指中等水平或部门的平均劳动熟练程度和劳动强度。如生产一件上衣，各个商品生产者由于设备、技术熟练程度等差别，个别劳动时间从2小时到4小时不等，但一般用3小时的劳动就能生产出来，这3小时就是生产上衣的社会必要劳动时间，它随社会劳动生产率的提高而减少。另外，马克思在分析社会生产各部门之间按比例分配社会总劳动的必要性时，提出另一个意义上的社会必要劳动时间，是指满足社会对某种产品的需要而必须分配到某一部门去的那部分社会劳动时间，如社会需要10万双鞋，每双鞋需平均耗费社会劳动时间1小时，则生产鞋所需的社会必要劳动时间为10万小时。

《社会契约论》

《社会契约论》，又译为《民约论》，或称《政治权利原理》，是法国思想家让·雅克·卢梭于1762年写成的一本书。《社会契约论》中主权在民的思想，是现代民主制度的基石，深刻地影响了废除欧洲君主绝对权力的运动，和18世纪末北美殖民地摆脱英帝国统治、建立民主制度的斗争。美国的《独立宣言》和法国的《人权宣言》及两国的宪法均体现了《社会契约论》的民主思想。

社会主义

社会主义是一套经济体系和政治理论，主张或提倡公共或以整个社会作为整体，来拥有和控制生产资料（产品、资本、土地、资产等），其管理和分配基于公众利益。其提倡由集体或政府拥有与管理生产工具，分配物资。社会主义分为了诸多流派，从建立合作经济管理结构到废除等级制度以至于自由联合。作为一项政治运动，社会主义的政治哲学主张从改良主义到革命社会主义均有分布。如国家社会主义主张通过推动生产、分配和交换全方位的国有化来实现社会主义；自由社会主义倡导工人传统地控制生产方式，反对国家权力来进行管理；民主社会主义则通过民主化进程来寻求建立社会主义。

现代社会主义理论始于18世纪知识分子与工人阶级发起的批评工业化与私有财产对社会影响的政治运动。早期的空想社会主义者，诸如罗伯特·欧文曾试图建立一个自给自足并脱离资本主义社会的公社；而圣西门则创造了名词socialisme，提倡技术官僚与计划工业的应用。马克思和恩格斯共同设计创造了一个理想的社会制度，通过除去导致不合格与周期性生产过剩的无政府主义和资本主义生产，来允许广泛应用现代科技，从而将经济活动合理化。在19世纪初期，社会主义还只是表明关注社会问题；到了19世纪末期，社会主义已经成为了建立基于社会共有的新体制的推动力，并站到了资本主义的对立面。

社会主义社会

社会主义社会，是一种社会形态，指用马克思主义理论指导，重视社会福利，采用财产公有制的，通常是共产主义政党专政、工人阶级领导的社会。按照马克思主义理论，社会主义社会是资本主义社会向共产主义社会的过渡性社会形态。

生产关系

生产关系是指在物质生产过程中形成的人们之间的社会关系，它集中体现了人们之间的物质利益关系。生产关系的内容包括人们在一定的生产资料所有制基础上形成的、在社会生产总过程中发生的生产、分配、交换和消费的关系。

生产力

生产力，又称"社会生产力"，是人们征服自然、改造自然、获得物质资料的能力。生产力和生产关系是社会生产不可分割的两个方面。生产力包括劳动者、劳动资料和劳动对象三大要素。

生产资料

生产资料，也称作生产手段，是马克思主义理论家认定的生产力三要素之一。生产资料主要指劳动者进行生产时所需要使用的资源和工具。一般包括土地、厂房、机器设备、工具、原料，等等。生产资料是生产过程中的劳动资料和劳动对象的总和，它是任何社会进行物质生产所必备的物质条件。

生息资本

生息资本，是为了获取利息而暂时贷放给他人使用的货币资本。

剩余价值

根据马克思主义理论，剩余价值是指从劳动者的劳动价值中剥削出来的利润（劳动价值和工资之间的差异），即"劳动者创造的被资产阶级无偿占有的劳动"。剩余价值概念是马克思主义政治经济学的核心概念，马克思主义政治经济学认为资本主义生产的实质就是剩余价值的生产，剩余价值规律是资本主义的基本经济规律，它决定着资本主义的一切主要方面和矛盾发展的全部过程，决定着资本主义生产的高涨和危机，决定着资本主义的发展和灭亡。

十月革命

十月革命（又称布尔什维克革命、俄国共产革命等），是1917年俄国革命经历了二月革命后的第二个阶段。十月革命发生于1917年11月7日（俄历10月25日）。前苏联、中国等社会主义国家及组织普遍认为，十月革命是经列宁和托洛茨基领导下的布尔什维克领导的武装起义，建立了人类历史上第二个无产阶级政权（第一个是巴黎公社无产阶级政权）和由马克思主义政党领导的第一个社会主义国家——苏维埃俄国。革命推翻了以克伦斯基为领导的资产阶级俄国临时政府，为1918年—1920年俄国内战和1922年苏联成立奠定了基础。

使用价值

使用价值，是一切商品都具有的共同属性之一。任何物品要想成为商品都必须具有可供人类使用的价值；反之，毫无使用价值的物品是不会成为商品的，使用价值是物品的自然属性。马克思主义政治经济学认为，使用价值是由具体劳动创造的，并且具有质的不可比较性。比如，人们不能说橡胶和香蕉哪一个使用价值更高。使用价值是价值的物质基础，和价值一起，构成了商品二重性。

世界观

世界观，也叫宇宙观，是哲学的朴素形态。世界观是人们对整个世界的总的看法和根本观点。由于人们的社会地位不同，观察问题的角度也不同，因而形成不同的世界观。哲学是世界观的理论表现形式。世界观的基本问题是精神和物质、思维和存在的关系问题，根据对这两者关系的不同回答，划分为两种根本对立的世界观基本类型，即唯心主义世界观和唯物主义世界观。

私有制

私有制，也叫所有制，是相对于公有制的经济制度，是在这种制度下进行的生产资料个人或集体的排他性占有。私有制是剥削社会（以奴隶社会、封建社会、资本主义、特权主义和专制社会为代表）的基本标志之一。

推理

推理是根据事物之间的联系，由已有判断推出新判断的一种思维形式。判断组成推理，已有判断叫前提，推出的新判断叫结论，推理就是由前提推出结论的思维过程，是人类思维创造性的体现。

托拉斯

托拉斯，是较高级的垄断组织形式。指由许多生产同类商品或在生产上有密切关系的企业为了垄断某些商品的产销，从而获得高额利润而组成的大型垄断企业。可分为以金融控制为基础的托拉斯和以企业合并为基础的托拉斯。托拉斯在美国最为普遍，其作用覆盖整个采购、生产、销售过程。

唯物主义

唯物主义即唯物论，是一种哲学理论，肯定世界的基本组成为物质，物质形式与过程是我们认识世界的主要途径，持着"只有事实上的物质才是真实存在的实体"这一种观点，并且被认为是物理主义的一种形式。该理论的基础是，所有的实体（和概念）都是物质的一种构成或者表达，并且，所有的现象（包括意识）都是物质相互作用的结果，在意识与物质之间，物质决定了意识，而意识则是客观世界在人脑中的生理反应，也就是有机物出于对物质的反应。因此，物质是唯一事实上存在的实体。作为对现实世界的一种解释，唯物主义是唯心主义和心灵主义的一个对立面。

唯物主义有机械唯物主义和辩证唯物主义的区别，机械唯物主义认为物质世界是由各个个体组成的，如同各种机械零件组成一个大机器，不会变化；辩证唯物主义认为物质世界永远处于运动与变化之中，是互相影响、互相关联的。机械唯物论的代表人物是费尔巴哈，辩证唯物论的代表人物是马克思、恩格斯和列宁。

唯心主义

唯心主义即唯心论，又译作理念论、观念论，是哲学中对思想、心灵、语言及事物等彼此之间关系的讨论及看法。唯心论秉持世界或现实如同精神或意识，都是根本的存在。唯心论直接相对于唯物论，后者认为世界的基本成分为物质，我们对世界的认识主要是通过物质，并将其视为一种物质形式与过程。唯心论同时也反对现实主义的哲学观，后者认为在人类的认知中，我们对物体的理解与感知，与物体独立于我们心灵之外的实际存在是一致的。

马克思主义哲学则认为唯心论是哲学上的两大基本派别之一，是与唯物论对立的理论体系。唯心论在哲学基本问题上主张精神、意识的第一性，物质的第二性，也就是说，唯心论主张物质依赖意识而存在，物质是意识的产物的哲学派别，并认为可以区分为主观唯心论和客观唯心论两种基本类型。

乌托邦

乌托邦，也称理想乡，无何有之乡（源于《庄子》），是一个理想的群体对社会的构想，名字由托马斯·摩尔的《乌托邦》一书中所写的完全理想的共和国"乌托邦"而来。意指理想完美的境界，特别是用于表示法律、政府及社会情况。托马斯·摩尔在书中虚构了一个大西洋上的小岛，小岛上的国家拥有完美的社会、政治和法制体系。这个词用来被描述成一种被称为"意向社群"的理想社会和文学虚构的社会。

无产阶级

根据马克思主义理论，无产阶级一词指不拥有生产资本，单纯靠出卖劳动力获取收入的劳动者。马克思主义理论把无产阶级划分为普通无产阶级和下层无产阶级。在实际使用的含义中，近似地等同于近代以来出现的，主要受雇于资本家，依靠雇佣工资生活的工人群体。在马克思的理论中，无产阶级是被资产阶级通过剥削其生产价值和工资之间的差异（剩余价值）以获得利润的对象，因此，其大多在生存水平线上挣扎，教育相对落后（除非有极佳的社会福利），直到难以生存时，便容易铤而走险，当人数够多时，便会起身革命，尝试推翻现有政府及资本家。在社会主义社会，工人阶级已摆脱了被剥削、被压迫的地位，成为掌握国家政权的领导阶级。

相对价值形式

商品交换的价值关系中同等价形式相对立的一极。处于相对价值形式上的商品，在价值关系中起着主动的作用，是主动地要表现自己价值的商品。

相对剩余价值

把通过缩短必要劳动时间、相应地改变工作日的两个组成部分的量的比例而生产的剩余价值，叫做相对剩余价值。

小资产阶级

小资产阶级，指占有一定的生产资料或有少量财产的私有者，一般指不受他人剥削，也不剥削别人（或仅有轻微剥削），主要靠自己劳动为生的个体劳动者阶级。它在资本主义社会里是非基本的阶级，亦称为中间等级，主要包括农民、小手工业者、小商人、小业主等。作为劳动者，在思想上倾向于无产阶级；作为私有者，又倾向于资产阶级，极易受资产阶级思想的影响。因此，在反对封建主义的斗争中既具有革命性，同时也存在政治上的动摇性、斗争中的软弱性和革命的不彻底性。随着资本主义的发展，他们不断地向两极分化，大部分破产沦落为无产阶级或半无产阶级，小部分发财上升为资产阶级。

辛迪加

辛迪加，原意是"组合"、"联合"，是垄断组织的一种重要形式，属于低级垄断形式。辛迪加指同一生产部门的少数大企业为了获取高额利润，通过签订共同销售产品和采购原料的协定而建立的垄断组织。

形而上（学）

形而上出自《易经·系辞》，原文为"形而上者谓之道，形而下者谓之器"。用现代的思维讲，形而下就是指具体的器物（可以拓展到感性的事物），形而上就是指比较抽象的规律（包含做人做事的原则）。形而上是精神方面的宏观范畴，用抽象

（理性）思维，形而上者道理，起于学，行于理，止于道，故有形而上者谓之道；形而下是物质方面的微观范畴，用具体（感性）思维，形而下者器物，起于教，行于法，止于术，故有形而下者谓之器。

形而上学（metaphysics，意为"物理学之后"）是哲学术语，哲学史上指哲学中探究宇宙根本原理的部分。马克思认为形而上学是指与辩证法对立的，用孤立、静止、片面的观点观察世界的思维方式。黑格尔把形而上学作为与辩证法相对立的一种机械教条的研究方法来批判，因此，形而上学也可以被表述成为教条主义。

修正主义

"修正"一词的含义，来源于拉丁文，有"修改、重新审查"的意思。"修正主义"一词，是在共产主义运动中对马克思主义进行歪曲、篡改、否定的一类资产阶级思潮和政治势力，是国际工人运动中打着马克思主义旗号反对马克思主义的机会主义思潮。

虚拟资本

虚拟资本是独立于现实的资本运动之外、以有价证券的形式存在、能给持有者按期带来一定收入的资本，如股票、公债券、不动产抵押单等。虚拟资本是随着借贷资本的出现而产生的，它在借贷资本的基础上成长，并成为借贷资本的一个特殊的投资领域。

一般等价物

一般等价物是从商品中分离出来的，充当其他一切商品的统一价值表现材料的商品。一般等价物的出现，是商品生产和交换发展的必然结果。历史上，一般等价物曾由一些特殊的商品承担，随着社会的进步，黄金和白银成了最适合执行一般等价物职能的货币。货币是从商品中分离出来固定充当一般等价物的特殊商品。

英国工人宪章运动

宪章运动是1838年到1848年发生在英国的一场普通劳动者要求社会政治改革的群众运动，是世界三大工人运动之一。列宁称之为"世界上第一场大规模的劳动阶级运动"。宪章运动的目的是，工人们要求取得普选权，以便有机会参与国家的管理。"普选权问题是饭碗问题"，工人阶级希望通过政治变革来提高自己的经济地位。

庸俗经济学

庸俗经济学是资产阶级政治经济学的一个发展阶段，产生于

18世纪末，大致结束于19世纪70年代。当时，法国出现一种自由主义思潮，以巴师夏、凯里为首的经济学家认为，世界是让每个自然人独立施展才能的大舞台，而资本主义是最符合人性的舞台设计，因此，它能以最快的速度去积聚财富，马克思称之为庸俗经济学。这种学说不愿意从历史的发展过程中考察资本形成的原因，更不愿意看到资本主义是建筑在绝大多数人陷入相对贫困的基础上的事实。庸俗经济学的主要代表人物有：西尼尔、穆勒、萨伊马尔萨斯等。

哲学

哲学是研究范畴及其相互关系的一门学问。范畴涉及到一门学科的最基本研究对象、概念和内容，哲学具有一般方法论的功能。

资本

资本，在经济学意义上，指的是用于生产的基本生产要素，即资金、厂房、设备、材料等物质资源。在金融学和会计领域，资本通常用来代表金融财富，特别是用于经商、兴办企业的金融资产。广义上，资本也可作为人类创造物质和精神财富的各种社会经济资源的总称。

资本主义

资本主义，也被称为自由市场经济或自由企业经济，其特色是个人或是企业拥有资本财产，且投资活动是由个人决策左右，而非由国家所控制，一般并没有准确之定义，不同的经济学家也对资本主义有不同的定义。一般而言，资本主义指的是一种经济学或经济社会学的制度，在这样的制度下绝大部分的生产资料都归私人所有，并借着雇佣或劳动的手段以生产资料创造利润。在这种制度里，商品和服务借由货币在自由市场里流通。投资的决定由私人进行，生产和销售主要由公司和工商业控制并互相竞争，依照各自的利益采取行动。

资产阶级

资产阶级是指占有社会生产资料并使用雇佣劳动的现代资本家阶级，其本质是以生产资料为手段无偿占有雇佣工人的劳动，是现代社会中的主要剥削阶级。

宗派主义

宗派主义是指党内存在的一种以宗派利益为出发点的思想和行为，是封建宗派思想、资产阶级、小资产阶级思想在组织上的表现。主要表现为：在个人与党的关系上，把个人放在第一位，把党放在第二位，向党闹独立性；在组织上，任人唯亲，在同志中拉拉扯扯，把资产阶级的庸俗作风搬进党里来；在党内关系上，只强调局部利益，只要民主，不要集中，不遵守个人服从组织、少数服从多数、下级服从上级、全党服从中央的民主集中制原则，进行无原则的派别斗争；在和党外人士的关系上，妄自尊大，骄傲自满，不尊重人家，不学习人家的长处，不愿和人家合作等。

德菲尔神庙

德菲尔城阿波罗神庙始建于前7世纪，在古希腊时代被认为是世界的中心也是古希腊的宗教中心和统一的象征。神庙区还有露天剧场和圣路，圣路两旁有希腊各邦为供奉诸神而兴建的礼物库、祭坛、纪念碑、柱廊等。德尔斐考古遗址（阿波罗神庙）为希腊古典时期宗教遗址，1987年被列入世界遗产名录。遗址位于雅典西北方帕尔纳索斯山麓，因居于该地的德尔斐族人而得名。遗址系阿波罗神庙所在地，以该庙的女祭司皮提亚宣示的神谕著称。

海格特公墓

英国伦敦的公墓，位于英国伦敦北郊的海格特地区，分东西两个部分。西海格特公墓于1839年成立，包括两个都铎风格的教堂，一个古埃及风格的大道和大门（仿造古埃及著名的国王谷建筑），还有哥特风格的墓穴；东海格特公墓于1854年成立，两年后东部也投入运营。马克思及其家人的墓就在于此，公墓还埋葬着英国物理学家和化学家法拉第、小说家乔治·艾略特。

爱德华·伯恩施坦

爱德华·伯恩施坦（1850—1932），是德国社会民主党的著名活动家，他一生的理论和政治活动经历了不同阶段：小资产阶级激进民主主义者，马克思主义者，修正主义者。从1881年初担任党机关报《社会民主党人报》编辑到1895年恩格斯逝世，这15年是伯恩施坦的黄金时代。他是作为一位杜林主义者加入德国社会民主党的，以拉萨尔主义和杜林主义的眼光来看待马克思和马克思主义。在此期间，他在恩格斯的直接关怀和指导下，对于传播马克思主义、反对党内机会主义、揭露和批判统治阶级的反动政策等方面，对党内的建设做出了重大贡献，因此，他在党内和国际工人运动中赢得了很高的声誉。列宁也曾说，伯恩施坦当时是一个"革命的社会民主党人"。1895年8月恩格斯逝世后，伯恩施坦"修正"马克思主义基本原理的倾向开始公开显露出来。1896年至1898年，他在《新时代》上以《社会主义问题》为总题目发表的一组文章，成为他对马克思主义"传统解释"的最初"批判"，成为这一时期对马克思主义公开责难的代表，开启了德国社会民主党内关于什么是马克思主义、如何发展马克思主义的大争论。

爱尔维修

克洛德·阿德里安·爱尔维修（1715—1771），是18世纪法国唯物主义哲学家，法国启蒙思想家。他出生在巴黎一个宫廷医生的家庭，毕业于耶稣会办的专科学校，曾任总报税官。他考察了第三等级的贫困生活和封建贵族的糜烂生活，因而痛恨封建制度。后来，他辞去官职，专心著述，并和思想家狄德罗、霍尔巴赫等人参加了《百科全书》的编辑工作，对封建制度及教会进行了无情的揭露和批判。他的主要著作包括《论精神》和《论人的理智能力和教育》。

奥格斯特·倍倍尔

奥格斯特·倍倍尔（1840—1913），德国社会民主党的主要领导人之一，德国和国际工人运动活动家。1840年2月22日生于普鲁士，1913年8月13日卒于瑞士格尔桑斯。1865年8月结识李卜克内西，在其帮助下成长为社会主义者。1866年同李卜克内西创建萨克森人民党，加入第一国际。次年当选为德国工人协会联合会主席，并促使该会于1868年参加第一国际。1867年当选北德意志联邦议会议员，成为议会中第一个工人代表，坚决反对俾斯麦的"铁血政策"，主张通过自下而上的革命统一德意志。他和李卜克内西于1869年8月共同创建德国社会民主工党（爱森纳赫派），并制定了党纲。

柏拉图

柏拉图（约前427—前347），古希腊伟大的哲学家，也是全部西方哲学乃至整个西方文化最伟大的哲学家和思想家之一。他和老师苏格拉底、学生亚里士多德并称为古希腊三大哲学家。柏拉图出身于雅典贵族家庭，青年时师从苏格拉底。苏格拉底死后，他游历四方，曾到埃及、北非、小亚细亚沿岸和意大利南部从事政治活动，企图实现他的贵族政治理想。公元前387年活动失败后，游历12年的柏拉图逃回雅典，在一所称为阿卡德米的体育馆附近建立了一所学园，此后执教40年，直至逝世。他一生著述颇丰，其教学思想主要集中在《理想国》和《法律篇》中。柏拉图是西方客观唯心主义的创始人，其哲学体系博大精深，对其教学思想影响尤甚。柏拉图认为世界由"理念世界"和"现象世界"所组成。理念的世界是真实的存在，永恒不变，而人类感官所接触到的这个现实的世界，只不过是理念世界的微弱的影子，它由现象所组成，而每种现象是因时空等因素而表现出暂时变动等特征。由此出发，柏拉图提出了一种理念论和回忆说的认识论，并将它作为其教学理论的哲学基础。

保尔·拉法格

保尔·拉法格（1842—1911），法国杰出的马克思主义理论家，法国工人党和第二国际创建人之一。拉法格反对新康德主义和哲学上的修正主义，捍卫和宣传辩证唯物主义和历史唯物主义，拉法格还批判了饶勒斯的修正主义哲学观点。

布鲁诺·鲍威尔

布鲁诺·鲍威尔（1809—1882），德国哲学家，青年黑格尔派代表之一。柏林大学毕业，曾在柏林大学、波恩大学任教，因发表《同观福音作者的福音史批判》而遭解聘，从此退隐。否认福音故事的可靠性以及耶稣其人的存在。将黑格尔的自我意识解释为同自然相脱离的绝对实在，并用它来代替黑格尔的"绝对观念"，宣称"自我意识"是最强大的历史创造力，马克思和恩格斯在《神圣家族》一书中对此予以严厉批判。主要著作还有《福音的批判及福音起源史》、《斐洛、施特劳斯、勒男与原始基督教》等。

查尔斯·泰勒

查尔斯·泰勒，1948年出生于利比里亚首都蒙罗维亚郊区，他是著名的政治人物，曾于1997年至2003年间任第二十二任利比里亚总统。他是美国黑人后裔，年轻时曾在美国波士顿当机修工，后进入马萨诸塞洲本特雷学院就读，1977年获经济学学士学位，毕业后回到利比里亚。在20世纪90年代初的利比里亚内战时，他是非洲最知名的军阀之一，内战结束后他被选为总统。2003年7月以美国为首的一些国家强烈要求泰勒下台，不久后他流亡尼日利亚，为利比里亚结束长达14年的内战和举行大选铺平了道路。后来，他被联合国塞拉利昂特别法庭以战争罪、反人类罪和违反国际人道法等17项罪名指控，2012年5月30日他被裁定谋杀、强奸及强迫儿童当兵等11项罪名成立，被海牙法庭判处入狱50年。

但丁

但丁·阿利吉耶里（1265—1321），意大利中世纪诗人，现代意大利语的奠基者，欧洲文艺复兴时代的开拓人物，以史诗《神曲》留名后世。但丁被认为是意大利最伟大的诗人，也是西方最杰出的诗人之一，全世界最伟大的作家之一。恩格斯评价说："封建的中世纪的终结和现代资本主义纪元的开端，是以一位大人物为标志的，这位人物就是意大利人但丁，他是中世纪的最后一位诗人，同时又是新时代的最初一位诗人。"

德谟克利特

德谟克利特（约公元前460—公元前370或公元前356），来自古希腊爱琴海北部海岸的自然派哲学家。德谟克利特是经验的自然科学家和第一个百科全书式的学者，古代唯物思想的重要代表。他是"原子论"的创始者，由原子论入手，他建立了认识论，并在哲学、逻辑学、物理、数学、天文、动植物、医学、心理学、伦理学、教育学、修辞学、军事、艺术等方面，都有所建树。可惜他的大多数著作都散失了，至今只能看到若干残篇断简，这对理解他的思想造成了一定的困难。

德谟克利特的自然科学虽然也有类似实验解剖这样的科学结论，但是他在哲学上的大部分见解都与经验直接相关。他的原子论是受着水汽蒸发以及香味传递等感性直观，依赖哲学思维推测出来的，通过感官的参与，即经验，直接推测了原子论的可能，并由原子论进一步影响认识论等。说他是自然科学家，主要是缘于他对于自然科学起到的奠基作用，但是在哲学领域，他是个彻头彻尾的经验论者，在他那个年代的哲学家鲜有严谨依赖科学思维得出哲学结论的人，这是可想而知的。

笛卡尔

勒内·笛卡尔（1596—1650），生于法国，逝世于瑞典斯德哥尔摩，是法国著名的哲学家、数学家、物理学家。他对现代数学的发展作出了重要的贡献，因将几何坐标体系公式化而被认为是解析几何之父。他还是西方现代哲学思想的奠基人，是近代唯物论的开拓者，并且提出了"普遍怀疑"的主张。他的哲学思想深深影响了之后的几代欧洲人，开拓了所谓的"欧陆理性主义"哲学。黑格尔称他为"现代哲学之父"。笛卡尔堪称17世纪欧洲哲学界和科学界最有影响的巨匠之一，被誉为"近代科学的始祖"。

恩格斯

弗里德里希·冯·恩格斯（1820—1895），德国思想家、哲学家、革命家，全世界无产阶级和劳动人民的伟大导师，马克思主义的创始人之一。恩格斯是卡尔·马克思的挚友，被誉为"第二提琴手"，他为马克思从事学术研究提供了大量经济上的支持。在马克思逝世后，将马克思的大量手稿、遗著整理出版，并且成为国际工人运动众望所归的领袖。

费尔巴哈

路德维希·安德列斯·费尔巴哈（1804—1872），德国哲学家。出生于拜恩州（巴伐利亚）下拜恩区的首府兰茨胡特，死于同一州的纽伦堡，他是德国法学家保罗·约翰·安塞姆里特·冯·费尔巴哈的第四个儿子。费尔巴哈对基督教的批判在社会上产生了很大影响，他的某些观点在德国教会和政府的斗争中被一些极端主义者接受。他对卡尔·马克思的影响也很大，虽然马克思并不赞同他观点中的机械论，马克思曾写过《费尔巴哈提纲》，批判他形而上学的唯物主义观点。费尔巴哈的主要著作有《黑格尔哲学批判》和《基督教的本质》等。

费希特

约翰·戈特利布·费希特（1762—1814），德国哲学家。尽管他是自康德的著作发展开来的德国唯心主义哲学的主要奠基人之一，但他在西方哲学史上的重要性往往被轻视了。费希特往往被认为是连接康德和黑格尔两人哲学间的过渡人物。近些年来，由于学者们注意到他对自我意识的深刻理解而重新认识到他的地位。和在他之前的笛卡尔和康德一样，对于主观性和意识的问题激发了他的许多哲学思考。费希特的一些观点也涉及了政治哲学，因此，他被一些人认为是德国国家主义之父。

弗洛伊德

西格蒙德·弗洛伊德（1856—1939），犹太人，奥地利精神病医生及精神分析学家，精神分析学派的创始人，此学派被称为"维也纳第一精神分析学派"，以区别于后来由此演变出的第二及第三学派。著有《性学三论》、《梦的解析》、《图腾与禁忌》、《日常生活的心理病理学》、《精神分析引论》、《精神分析引论新编》等。提出"潜意识"、"自我"、"本我"、

"超我"、"俄狄浦斯情结"、"性冲动"、"心理防卫机制"等概念。其成就对哲学、心理学、美学，甚至社会学、文学等都有深刻的影响，被世人誉为"精神分析之父"。但他的理论诞生至今，却一直饱受争议。

伏尔泰

伏尔泰（1694—1778），原名弗朗索瓦·马利·阿鲁埃，伏尔泰是他的笔名。法国启蒙时代思想家、哲学家、文学家，启蒙运动公认的领袖和导师。伏尔泰是18世纪法国资产阶级启蒙运动的旗手，被誉为"法兰西思想之王"、"法兰西最优秀的诗人"、"欧洲的良心"。他不仅在哲学上有卓越成就，也以捍卫公民自由，特别是信仰自由和司法公正而闻名。尽管在他所处的时代，审查制度十分严厉，伏尔泰仍然公开支持社会改革。他的论说以讽刺见长，常常抨击天主教教会的教条和当时的法国教育制度。伏尔泰的著作和思想与托马斯·霍布斯及约翰·洛克一道，对美国革命和法国大革命的主要思想家都有影响。

傅立叶

夏尔·傅立叶（1772—1837），法国著名哲学家，经济学家，空想社会主义者。出身于商人家庭的傅立叶批评当时资本主义社会的一些丑恶现象，希望建立一种以法伦斯泰尔为基层组织的社会主义社会，在这里个人利益和集体利益是一致的。他还揭露资本主义的罪恶，主张建立一个社会主义社会，但他幻想通过宣传和教育来实现这一目的。他还强调妇女解放，提出妇女解放的程度是人民是否彻底解放的准绳。

葛兰西

安东尼奥·葛兰西（1891—1937）是意大利共产主义思想家、意大利共产党创始者和领导人之一。他的文艺理论著作大多写于狱中，战后才得到广泛的传播和研究。他批判资产阶级唯心主义文艺观和克罗齐的"艺术即直觉"的观点，坚持历史唯物主义和无产阶级党性原则，提出创立"民族-人民的文学"的口号，对文学与社会生活，作家与时代、人民，作品的内容与形式的关系，文艺批评的任务，作了精辟的论述；同时对许多古典作家和20世纪重要的文学现象作了分析和论述。葛兰西奠定了意大利马克思主义文艺理论的基础。

哈贝马斯

尤尔根·哈贝马斯，是德国当代最重要的哲学家、社会理论家之一，是批判学派中的法兰克福学派的第二代旗手。他1929年生于杜塞多夫，历任海德堡大学教授、法兰克福大学教授、法兰克福大学社会研究所所长以及德国马普协会生活世界研究所所长。1994年荣休，被公认是"当代最有影响力的思想家"，他同时也是西方马克思主义法兰克福学派第二代的中坚人物。他继承和发展了康德哲学，致力于重建"启蒙"传统，视现代性为"尚未完成之工程"，提出了著名的沟通理性的理论，对后现代主义思潮进行了深刻的对话及有力的批判。他著有《历史唯物主义的重建》、《交往行为理论》等著作。

海德格尔

马丁·海德格尔（1889—1976），德国哲学家，20世纪存在主义哲学的创始人和主要代表之一。出生于德国西南巴登邦弗赖堡附近的梅斯基尔希的天主教家庭，逝于德国梅斯基尔希。他在现象学、存在主义、解构主义、诠释学、后现代主义、政治理论、心理学及神学领域都有举足轻重的影响。此外，他还著有《存在与时间》一书，本书深深影响了20世纪哲学，尤其是存在主义、解释学和解构主义。

黑格尔

格奥尔格·威廉·弗里德里希·黑格尔（1770—1831），德国哲学家，出生于德国西南部巴登-符腾堡州首府斯图加特。18岁时，他进入蒂宾根大学学习，在那里，他与荷尔德林、谢林成为朋友，同时，为斯宾诺莎、康德、卢梭等人的著作和法国大革命深深吸引。许多人认为，黑格尔的思想，象征着19世纪德国唯心主义哲学运动的顶峰，对后世哲学流派，如存在主义和马克思的历史唯物主义都产生了深远的影响。更有甚者，由于黑格尔的政治思想兼具自由主义与保守主义两者之要义，因此，对于那些因看到自由主义在承认个人需求、体现人的基本价值方面的无能为力，而觉得自由主义正面临挑战的人来说，他的哲学无疑是为自由主义提供了一条新的出路。1807年，黑格尔出版了第一部作品《精神现象学》。《精神现象学》是一段伟大的概念旅程，带领我们从最基本的人类意识概念，走向最包罗万象而复杂的人类意识概念。

霍布斯

托马斯·霍布斯（1588—1679），英国的政治哲学家，创立了机械唯物主义的完整体系，认为宇宙是所有机械地运动着的广延物体的总和。他提出"自然状态"和国家起源说，认为国家是人们为了遵守"自然法"而订立契约所形成的，是一部人造的机器人，当君主可以履行该契约所约定的保证人民安全的职责时，人民应该对君主完全忠诚。他于1651年出版的《利维坦》一书，为之后所有的西方政治哲学发展奠定了根基。霍布斯的思想对其后的约翰·洛克、孟德斯鸠和让·雅克·卢梭有深刻影响，但同时他的社会契约理论与绝对君主思想又有其独特性。

基佐

　　弗朗索瓦·皮埃尔·吉尧姆·基佐（1787—1874），法国政治家、历史学家，他在1847年到1848年间任法国首相，是法国第二十二位首相。他是保守派人士，在任期间，他未能留心民间的疾苦，对内主张实行自由放任政策；对外则主张成立法比关税同盟，以对抗当时的德意志关税同盟，但这些措施均引起国内和国外的不满。1848年的二月革命，路易·菲利普的七月王朝被推翻，基佐也因而下台。他著有《英国革命史》、《欧洲文明史》、《法国文明史》等著作。

卡尔·考茨基

　　卡尔·考茨基（1854—1938），社会民主主义活动家，亦是马克思主义发展史中的重要人物。考茨基是卡尔·马克思代表作《资本论》第四卷的编者，是19世纪末德国社会民主党内最主要的领导人之一。

康德

　　伊曼努尔·康德（1724—1804），德国哲学家、天文学家，是星云假说的创立者之一、德国古典哲学的创始人、唯心主义者、不可知论者，德国古典美学的奠定者。他被认为是现代欧洲最具影响力的思想家之一，也是启蒙运动最后一位主要哲学家。

康德哲学理论的一个基本出发点是认为将经验转化为知识的理性是人与生俱来的，没有先天的范畴我们就无法理解世界。他的这个理论结合了英国经验主义与欧陆的理性主义，对德国唯心主义与浪漫主义影响深远。

康德的一生可以以1770年为标志分为前期和后期两个阶段，前期主要研究自然科学，后期则主要研究哲学。前期的主要成果有1755年发表的《自然通史和天体论》，其中提出了太阳系起源的星云假说。在后期，从1781年开始的9年里，康德出版了一系列涉及领域广阔、有独创性的伟大著作，给当时的哲学思想带来了一场革命，它们包括《纯粹理性批判》（1781年）、《实践理性批判》（1788年）和《判断力批判》（1790年）。"三大批判"的出版标志着康德哲学体系的完成。三大批判分别探讨了认识论、伦理学以及美学。

政治上，康德是一名自由主义者，他支持法国大革命以及共和政体，在1795年他还出版过《论永久和平》一书，提出议制政府与世界联邦的构想。其生前最后一本有代表性的著作是《人类学》（1798年），一般认为其是对该书整个学说的概括和总结。康德晚年已经以一名出色的哲学家闻名于世，他去世后，人们为他举行了隆重的葬礼。

孔德

奥古斯特·孔德（1798—1857）是法国著名的哲学家，社会学、实证主义的创始人。1817年8月，他成为著名的乌托邦社会主义者圣西门的秘书。1830年，《实证主义教程》第一卷出版，稍后其他各卷（共四卷）陆续出版。1842年出版的第四卷中，正式提出"社会学"这一名称，并建立起社会学的框架和构想。1844年孔德遇到对其理论发生重大影响的德克洛蒂尔德·德沃。受德沃影响，孔德创立"人道教"，并成立了具有宗教色彩的"实证主义学会"。整个19世纪，值得一提的法国社会学家屈指可数，但作为实证主义的创始人，奥古斯特·孔德被称为社会学之父当之无愧。他创立的实证主义学说是西方哲学由近代转入现代的重要标志之一。

李约瑟

李约瑟（1900—1995），英国伦敦人，著名生物化学专家、汉学家，英国剑桥大学李约瑟研究所名誉所长。数次来到中国，先后任英国驻华科学参赞、中英科学合作馆馆长，1946年赴巴黎任联合国教科文组织自然科学部主任。著有《中国科学技术史》（28卷册）、《化学胚胎学》、《中国科学》、《科学前哨》及《中国神针：针灸史及基本原理》等著作。

列宁

列宁（1870—1924），原名弗拉基米尔·伊里奇·乌里扬诺夫，列宁是他的笔名。列宁是无产阶级革命家、政治家、思想家、理论家，布尔什维克党创立者、苏联缔造者，任苏联人民委员会主席。他继承和发展了马克思主义，形成了列宁主义理论。他被全世界共产主义者广泛认同为"全世界无产阶级和劳动人民的伟大革命导师和领袖"，也被世人认为是20世纪最伟大的人物之一。俄罗斯国家电视台2008年进行了一项关于国内最伟大历史人物的网上民意调查评选活动，经过统计，列宁位列第六，位于亚历山大·涅夫斯基、斯托雷平、斯大林、普希金、彼得大帝之后。

卢梭

让·雅克·卢梭（1712—1778），启蒙时代瑞士裔的法国思想家、哲学家、政治理论家和作曲家，是18世纪法国大革命的思想先驱，启蒙运动最卓越的代表人物之一。其论文《科学和艺术的进步对改良风俗是否有益》及《论人类不平等的起源与基础》确定了他在哲学史上的地位；他的《社会契约论》的人民主权及民主政治哲学思想深刻影响了启蒙运动、法国大革命和现代政治、哲学和教育思想。此外，他还著有《爱弥儿》、《忏悔录》、《新爱洛伊斯》、《植物学通信》等著作。

罗莎·卢森堡

罗莎·卢森堡（1871—1919），国际共产主义运动史上杰出的马克思主义思想家、理论家、革命家，德国社会民主党和第二国际左派领袖，被列宁誉为"革命之鹰"。在反对资本主义、修正主义和帝国主义世界大战的暴风骤雨中，始终英勇斗争，不畏强暴，展现了高度的革命乐观主义精神。1871年3月5日，出生于俄国占领下的波兰扎莫希奇的一个犹太人家庭，她原是波兰立陶宛王国社会民主党理论家。1898年移居德国柏林，并加入德国社会民主党，是党内的社会民主理论家。1914年，当德国社会民主党宣布支持德国参与第一次世界大战时，她和卡尔·李卜克内西合作成立马克思主义革命团体"斯巴达克同盟"，与社民党内以艾伯特为代表的右倾势力斗争。该组织于1919年1月1日转为德国共产党。1918年11月，在德国革命期间，她创办了《红旗报》，作为左翼的中央机构。1915年—1918年间被多次关押。罗莎·卢森堡起草了德国共产党党纲。她认为1919年1月柏林的斯巴达克起义是一个错误，但起义开始后她还是加以支持。当起义被自由军团镇压时，卢森堡、李卜克内西与其他数百位支持者被逮捕，遭到严刑拷打并被杀害。

洛克

约翰·洛克（1632—1704），英国哲学家，经验主义的开创人，同时也是第一个全面阐述宪政民主思想的人，在哲学以及政治领域都有重要影响。洛克的第一本主要著作是《论宽容》，而洛克最知名的两本著作则分别是《人类理解论》和《政府论》。洛克的思想对于后代政治哲学的发展产生了巨大影响，并且被广泛视为是启蒙时代最具影响力的思想家和自由主义者。他的著作也大大影响了伏尔泰和卢梭，以及许多苏格兰启蒙运动的思想家和美国开国元勋。他的理论被反映在美国的《独立宣言》上。洛克的精神哲学理论通常被视为是现代主义中"本体"以及自我理论的奠基者，也影响了后来大卫·休谟、让·雅各·卢梭与伊曼努尔·康德等人的著作。洛克是第一个以连续的"意识"来定义自我概念的哲学家，他也提出了心灵是一块"白板"的假设。与笛卡尔和基督教哲学不同的是，洛克认为人生下来是不带有任何记忆和思想的。

马丁·路德

马丁·路德（1483—1546），宗教改革运动的发起人。他本来是罗马公教奥斯定会的会士、神学家和神学教授。为了坚决抗议罗马天主教会，他发动了一场宗教改革运动。他的改革终止了中世纪罗马公教教会在欧洲的独一地位。他翻译的路德圣经迄今为止仍是最重要的德语圣经译作。2005年11月28日，德国电视二台投票评选最伟大的德国人，路德名列第二位，仅次于康拉德·阿登纳。

马克思

卡尔·亨利希·马克思（1818—1883），马克思主义的创始人，第一国际的组织者和领导者，全世界无产阶级和劳动人民的伟大导师、政治家、哲学家、经济学家、革命理论家。主要著作有《资本论》、《共产党宣言》。他是无产阶级的精神领袖，是当代共产主义运动的先驱，支持他理论的人被视为马克思主义者。马克思最广为人知的哲学理论是他对于人类历史进程中阶级斗争的分析。他认为几千年以来，人类发展史上最大的矛盾与问题就在于不同阶级之间的利益掠夺。依据历史唯物论，马克思曾大胆地假设，资本主义终将被共产主义所取代。

孟德斯鸠

查理·路易·孟德斯鸠（1689—1755），法国启蒙思想家，社会学家，是西方国家学说和法学理论的奠基人。1748年他出版了《论法的精神》，全面分析了三权分立的原则。伏尔泰夸赞这本篇幅巨大、包罗万象的著作是"理性和自由的法典"。

尼采

弗里德里希·威廉·尼采（1844—1900），德国著名哲学家，西方现代哲学的开创者，同时也是卓越的诗人和散文家，他的著作对于宗教、道德、现代文化、哲学，以及科学等领域提出了广泛的批判和讨论。他的写作风格独特，经常使用格言和悖论的技巧。尼采对于后代哲学的发展影响极大，尤其是在存在主义与后现代主义上。他最早开始批判西方现代社会，然而他的学说在他的时代却没有引起人们的重视，直到20世纪，才激起深远的调门各异的回声。后来的生命哲学、存在主义、弗洛伊德主义、后现代主义，都以各自的形式回应尼采的哲学思想。尼采著有《悲剧的诞生》、《查拉图斯特拉如是说》、《偶像的黄昏》等著作。

欧文

罗伯特·欧文（1771—1858），英国乌托邦社会主义者，也是一位企业家、慈善家。欧文在历史上第一次揭示了无产阶级贫困的原因，并从生产力的角度提出公有制与大生产的紧密关系，他晚年还提出过共产主义主张。他最著名的著作为《新社会观》、《新道德世界书》。罗伯特·欧文是历史上第一个创立学前教育机关（托儿所、幼儿园）的教育理论家和实践者。教育与生产劳动相结合，是欧文对人类教育理论宝库的一大贡献。他认为，要培养智育、德育、体育全面发展的一代新人，必须把教育与生产劳动结合起来。

培根

弗朗西斯·培根（1561—1626），英国哲学家、思想家、作家和科学家，是古典经验论的始祖。他不但在文学、哲学上多有建树，在自然科学领域里，也取得了重大成就。培根是一位经历了诸多磨难的贵族子弟，复杂多变的生活经历丰富了他的阅历，随之而来的是他的思想成熟，言论深邃，富含哲理。他是一位理性主义者而不是迷信的崇拜者，是一位经验论者而不是诡辩学者；在政治上，他是一位现实主义者而不是理论家。他在逻辑学、美学、教育学方面也提出许多思想。他著有《新工具》、《论说随笔文集》等著作，此外，他还有许多名言为众人所知，"知识就是力量"就是其中最著名的一句名言。

普列汉诺夫

格基尔格·瓦连廷诺维奇·普列汉诺夫（1856—1918），俄国马克思主义先驱，俄国社会民主工党总委员会主席。他早年是民粹主义者，在1883年后的20年间是俄国马克思主义政党的创始人和领袖之一，是最早在俄国和欧洲传播马克思主义的思想家，也是俄国和国际工人运动的著名活动家，十分受列宁尊敬。

普罗泰戈拉

普罗泰戈拉（约公元前490—约公元前420），公元前5世纪希腊哲学家，智者派的主要代表人物。他出生在阿布德拉城，多次来到当时希腊奴隶主民主制的中心雅典，与民主派政治家伯里克利结为挚友，曾为意大利南部的雅典殖民地图里城制定过法典。一生旅居各地，收徒传授修辞和论辩知识，是当时最受人尊敬的"智者"。普罗泰戈拉留传下来的最主要的哲学名言就是在《论真理》中说的，"人是万物的尺度，存在时万物存在，不存在时万物不存在。"

塞利格曼

马丁·塞利格曼（1942—），美国心理学家，主要从事习得性无助、抑郁、乐观主义、悲观主义等方面的研究。曾获美国应用与预防心理学会的荣誉奖章，并由于他在精神病理学方面的研究而获得该学会的终身成就奖。1998年当选为美国心理学会主席。

圣西门

克劳德·昂列·圣西门（1760—1825），法国哲学家、经济学家、社会改革家、空想社会主义者。与实证主义创始人奥古斯特·孔德相熟，曾聘其为秘书。圣西门出身贵族，曾参加法国大革命，还参加过北美独立战争。他抨击资本主义社会，致力于设计一种新的社会制度，并花掉了他的全部家产。在他所设想的社会中，人人劳动，没有不劳而获，没有剥削，没有压迫。圣西门一生写了许多著作，但直到1825年4月发表的《新基督教》这部圣西门最后的著作，才标志着他创建的空想社会主义大厦的完成。

叔本华

亚瑟·叔本华（1788—1860），德国著名哲学家，他继承了康德对于现象和物自体之间的区分。不同于他同代的费希特、谢林、黑格尔等取消物自体的做法，他坚持物自体，并认为它可以通过直观而被认识，将其确定为意志。意志独立于时间、空间，所有理性、知识都从属于它，人们只有在审美的沉思时才能逃离其中。叔本华将他著名的极端悲观主义和此学说联系在一起，认为意志的支配最终只能导致虚无和痛苦。他对心灵屈从于器官、欲望和冲动的压抑、扭曲的理解预言了精神分析学和心理学。他的代表著作有《作为意志和表象的世界》等。

斯大林

约瑟夫·维萨里奥诺维奇·斯大林（1879—1953），苏联共产党中央总书记、苏联部长会议主席、苏联大元帅，是苏联执政时间最长（1924—1953）的最高领导人，在任期间，全力进行社会主义工业化和农业集体化，使苏联成为重工业和军事大国，但同时也导致了乌克兰大饥荒。斯大林树立对自己的个人崇拜，实施大清洗，并对车臣等少数族裔进行压迫流放，严重破坏了民主和法制。第二次世界大战中领导苏联红军，与盟军协力击败轴心国，苏联领土也有了很大的扩张。战后他扶植了社会主义阵营，在冷战中与以美国为首的北约对峙。1953年3月5日因脑溢血去世。2008年，俄罗斯国家电视台举行了一次"最伟大的俄罗斯人"的评选活动，斯大林高居第三（四至六位分别是普希金、彼得大帝、列宁），仅次于亚历山大·涅夫斯基和斯托雷平。

苏格拉底

苏格拉底（公元前469—公元前399），古希腊著名的思想家、哲学家、教育家，他和他的学生柏拉图，以及柏拉图的学生亚里士多德被并称为"古希腊三贤"，更被后人广泛认为是西方哲学的奠基者。身为雅典的公民，据记载，苏格拉底最后被雅典法庭以引进新的神和腐蚀雅典青年思想之罪名判处死刑。尽管他曾获得逃亡雅典的机会，但苏格拉底仍选择饮下毒堇汁而死，因为他认为逃亡只会进一步破坏雅典法律的权威，同时也是因为担心他逃亡后雅典将再没有好的导师可以教育人们了。

维柯

乔瓦尼·巴蒂斯塔·维柯（1668—1744）是一名意大利政治哲学家、修辞学家、历史学家和法理学家。他为古老风俗辩护，批判了现代理性主义，并以巨著《新科学》闻名于世。

谢林

弗里德里希·威廉·约瑟夫·冯·谢林（1775—1854），德国哲学家。谢林是德国唯心主义发展中期的主要人物，处在费希特和黑格尔之间。谢林的自然哲学受到了浪漫派大诗人歌德的欣赏，也得到了德国自然科学的欢迎。

亚当·斯密

亚当·斯密（1723—1790），苏格兰哲学家和经济学家，是经济学的主要创立者。他所著的《国富论》成为了第一本试图阐述欧洲产业和商业发展历史的著作。这本书发展出了现代的经济学学科，也提供了现代自由贸易、资本主义和自由意志主义的理论基础。

亚里士多德

亚里士多德（公元前384—公元前322），古希腊斯吉塔拉人，世界古代史上最伟大的哲学家、科学家和教育家之一。是柏拉图的学生，亚历山大大帝的老师。公元前335年，他在雅典办了一所叫吕克昂的学校，被称为逍遥学派。马克思曾称亚里士多德是古希腊哲学家中最博学的人物，恩格斯称他是古代的黑格尔。作为一位最伟大的、百科全书式的科学家，亚里士多德对世界的贡献无人可比。他对哲学的几乎每个学科都作出了贡献。他的写作涉及伦理学、形而上学、心理学、经济学、神学、政治学、修辞学、自然科学、教育学、诗歌、风俗，以及雅典宪法。

伊壁鸠鲁

　　伊壁鸠鲁（公元前341—公元前270），古希腊哲学家、无神论者，伊壁鸠鲁学派的创始人。伊壁鸠鲁成功地发展了阿瑞斯提普斯的享乐主义，并将之与德谟克利特的原子论结合起来。他的学说的主要宗旨就是要达到不受干扰的宁静状态。

　　伊壁鸠鲁的学说和苏格拉底及柏拉图最大的不同在于，前者强调远离责任和社会活动。伊壁鸠鲁认为，最大的善来自快乐，没有快乐就没有善。快乐包括肉体上的快乐，也包括精神上的快乐。伊壁鸠鲁区分了积极的快乐和消极的快乐，并认为消极的快乐拥有优先的地位，它是"一种厌足状态中的麻醉般的狂喜"。同时，伊壁鸠鲁强调，在我们考量一个行动是否有趣时，我们必须同时考虑它带来的副作用。在追求短暂快乐的同时，也必须考虑是否可能获得更大、更持久、更强烈的快乐。他还强调，肉体的快乐大部分是强加于我们的，而精神的快乐则可以被我们所支配，因此交朋友、欣赏艺术等也是一种乐趣。

　　伊壁鸠鲁悖论是其著名遗产之一。伊壁鸠鲁也同意德谟克利特的有关"灵魂原子"的说法，认为人死后，灵魂原子离肉体而去，四处飞散，因此人死后并没有生命。他说："死亡和我们没有关系，因为只要我们存在一天，死亡就不会来临，而死亡来临时，我们也不再存在了。"伊壁鸠鲁认为对死亡的恐惧是非理性的，因为对自身死亡的认识是对死亡本身的无知。

《1844年经济学哲学手稿》

《1844年经济学哲学手稿》是卡尔·马克思在年轻时代为了总结自己的思想和弄清思考的问题而写的一个未完成的手稿，由三个部分组成，这是一部研究政治经济学和哲学的著作。该手稿中，马克思根据当时情况，对一系列德国的古典哲学（包括黑格尔的辩证法、费尔巴哈的唯物论）、英国的古典政治经济学（亚当·斯密）以及法国的空想社会主义进行批判性整合。该手稿可以反映出马克思已经完全脱离了黑格尔的理论。

《德法年鉴》

《德法年鉴》是德国"第一个社会主义的刊物"。1844年2月底只在巴黎用德文出版了1期—2期合刊号，主编是阿·卢格和马克思。由于当时卢格患病，这一期合刊主要是由马克思编辑的。这期合刊包括卢格写的《德法年鉴》计划、杂志撰稿人之间的8封通信、马克思的著作《〈黑格尔法哲学批判〉导言》和《论犹太人问题》、恩格斯的著作《政治经济学批判大纲》和《英国状况》，以及其他人写的三篇文章、两首诗、一份官方判决书和编后记《刊物的展望》。马克思和恩格斯在《德法年鉴》上发表的文章表明，他们最终完成了从革命民主主义向共产主义的转变。

《德意志意识形态》

《德意志意识形态》是一本哲学巨著文本，于1845年由马克思和恩格斯合著，于1932年在莫斯科出版。在1847年，《德意志意识形态》的部分内容在《威斯特伐里亚汽船》杂志8月和9月号发表过。本书第一次系统阐述了历史唯物主义的基本原理，如社会存在决定社会意识、生产方式在社会生活中起决定作用、生产关系必须适合生产力的发展等，标志着马克思主义哲学的成熟。此外，本书还批判地分析了当时的费尔巴哈、鲍威尔及施蒂纳的唯心主义历史观，批判了真正的社会主义或德国社会主义的各种代表哲学观点，表达了对科学社会主义的认识。

《反杜林论》

《反杜林论》是恩格斯于1876年5月底至1878年7月初的著作，是一部伟大的马克思主义著作，是马克思主义发展史上的一座丰碑。

《共产党宣言》

《共产党宣言》是无产阶级革命导师马克思、恩格斯受"共产主义者同盟"1847年12月伦敦第二次代表大会的委托，于1847年11月—1848年1月间共同撰写的关于科学共产主义的第一个纲领性文献。它是国际共产主义运动的第一个纲领性文献，是一部划时代的光辉文献。《共产党宣言》以辩证唯物主义与历史唯物主义为理论基础，以阶级斗争为线索，解剖了资本主义制度，阐明了资本主义的发生、发展和必然灭亡的客观规律；阐明了无产阶级作为资本主义掘墓人和共产主义创建者的伟大历史使命；论证了无产阶级革命和无产阶级专政是无产阶级获得解放的唯一道路；批判了打着社会主义招牌的同科学共产主义相对立的各种流派的所谓理论；奠定了无产阶级政党的学说，并确立了党的战略、策略、原则。

《关于费尔巴哈的提纲》

《关于费尔巴哈的提纲》写于1845年春，马克思生前未发表过。最早发表于1888年，恩格斯在《路德维希·费尔巴哈和德国古典哲学的终结》的序言中称这个文件为"关于费尔巴哈的提纲"，并作为该书的附录首次发表。它被恩格斯称为"包含着新世界观的天才萌芽的第一个文件"，"历史唯物主义的起源"。《关于费尔巴哈的提纲》和《德意志意识形态》一起被公认为是马克思主义哲学，特别是唯物史观创立的基本标志。

《路德维希·费尔巴哈和德国古典哲学的终结》

《路德维希·费尔巴哈和德国古典哲学的终结》是恩格斯为论述马克思主义哲学同德国古典哲学的关系，阐明马克思主义哲学基本原理而写的一部重要的哲学著作。写于1886年，同年发表在德国社会民主党理论杂志《新时代》的第4期—5期上。1888年出版单行本。20世纪20年代末30年代初传入中国，曾出版过林超真、彭嘉生、张仲实等人的6种译本。这本著作全面论述了马克思主义哲学和黑格尔、费尔巴哈哲学之间的批判继承关系，系统阐述了辩证唯物主义和历史唯物主义的基本原理，具体说明了马克思主义哲学产生的理论来源和自然科学基础，深刻分析了马克思主义哲学在哲学领域中革命变革的实质。

《前进报》

德国社会主义工人党中央机关报，1876年10月1日创刊。1875年5月召开的德国社会民主党和全德工人联合会哥达合并大会决定，两派的机关报暂时并列为新成立的社会主义工人党的机关报。

《人权宣言》

《人权宣言》，1789年8月26日颁布，是在法国大革命时期颁布的纲领性文件。《人权宣言》以美国的《独立宣言》为蓝本，采用18世纪的启蒙学说和自然权论，宣布自由、财产、安全和反抗压迫是天赋不可剥夺的人权，肯定了言论、信仰、著作和出版自由，阐明了司法、行政、立法三权分立，法律面前人人平等，私有财产神圣不可侵犯等原则。

《人是机器》

法国J.O.拉美特里的著作。在作者因出版《心灵的自然史》一书被迫流亡荷兰时写成，1747年匿名发表。拉美特里根据大量医学、解剖学和生理学的科学材料，证明人的心灵状况决定于人的机体状况，特别着重证明思维是大脑的机能和道德源于机体的自我保存的要求。《人是机器》假定一切生物都具有所谓"运动的始基"，它是生物的运动、感觉以及思维和良知产生的根据。书中明确指出，运动的物质能够产生有生命的生物、有感觉的动物和有理性的人。公开表明唯物主义和无神论的立场，驳斥心灵为独立的精神实体的唯心主义观点，论证精神对物质的依赖关系。《人是机器》在自然观、认识论、社会历史观、无神论和伦理学等许多方面还提出一系列后来为其他法国唯物主义者进一步发展了的思想。它是18世纪法国第一部以公开的无神论形式出现的系统的机械唯物主义著作。

《神圣家族》

《神圣家族》是一本由马克思和恩格斯在1844年11月创作的书。这本书对青年黑格尔派及其在当时学术界极其流行的思想潮流进行了批判。该书的名称是由出版商提议取的，并用作讽刺鲍威尔兄弟及其支持者。该书引发了争议并使得鲍威尔对此进行了反驳。鲍威尔称马克思和恩格斯误解了自己的说法。马克思之后在《德意志意识形态》中讨论了相关问题。

《唯物主义和经验批判主义》

《唯物主义和经验批判主义》是列宁批判经验批判主义哲学思潮、阐述辩证唯物主义认识论的重要著作。1908年2月—10月在日内瓦和伦敦写成，1909年5月由莫斯科"环节"出版社出版。这部著作在国际上得到了广泛的传播，先后被译为20多种文字。它对中国思想界也有很大的影响，1930年，笛秋和朱铁笙第一次将它译成中文，由上海明日书店出版发行。

《真理报》

《真理报》是1918年至1991年间苏联共产党中央委员会的机关报。《真理报》在1991年被时任俄罗斯联邦总统的叶利钦下令关闭，但同名的报纸不久后又开始发行。原《真理报》的大部分职员于1999年加入了新创建的网络媒体"真理报在线"。"真理报在线"目前是访问人数最多的俄罗斯新闻网站，它与俄罗斯国内正在发行的《真理报》没有任何关系。俄罗斯国内还有多份同名的报纸一直在发行。原《真理报》在西方乃至全世界都以其政治色彩而著称。

《政治经济学批判大纲》

《政治经济学批判大纲》是恩格斯的第一篇经济学著作。写于1843年底至1844年1月，1844年2月发表在《德法年鉴》上。中译本收入人民出版社1956年出版的《马克思恩格斯全集》第1卷。研究了资本主义社会经济制度和资产阶级政治经济学的基本范畴，论述了消灭私有制的必要性，对社会主义革命作了初步论证，是马克思主义发展史上第一篇经济学著作。

《资本论》

《资本论》是马克思的著作，以唯物史观的基本思想为指导，通过深刻分析资本主义生产方式，揭示了资本主义社会发展的规律，同时也使唯物史观得到了科学的验证和进一步的丰富发展。《资本论》运用唯物史观的观点和方法，将社会关系归结为生产关系，将生产关系归结于生产力的高度，从而证明了社会形态的发展是一个不以人的意志为转移的自然历史过程。

《自然辩证法》

《自然辩证法》是德国哲学家弗里德里希·恩格斯一部尚未完成的著作，是恩格斯多年来对自然科学研究的总结。对19世纪中期的主要自然科学成就用辩证唯物主义的方法进行了概括，并批判了自然科学中的形而上学和唯心主义的观念。在恩格斯去世后，1896年发表了其中一篇论文《劳动在从猿到人转变过程中的作用》，1898年发表了其中另一篇论文《神灵世界中的自然科学》，直到1925年才在前苏联出版的德文和俄文译本对照的《马克思恩格斯文库》中全文发表。